Sabell Eduard Wilhelm

Literatur der sogenannten Lehninschen Weissagung

schematisch und chronologisch dargestellt

Sabell Eduard Wilhelm

Literatur der sogenannten Lehninschen Weissagung
schematisch und chronologisch dargestellt

ISBN/EAN: 9783744697804

Hergestellt in Europa, USA, Kanada, Australien, Japan

Cover: Foto ©ninafisch / pixelio.de

Weitere Bücher finden Sie auf **www.hansebooks.com**

Literatur

der sogenannten

Lehnin'schen Weissagung,

schematisch und chronologisch

dargestellt

von

Dr. Eduard Wilhelm Sabell,

Verfasser von „Die sociale und rechtliche Stellung des Weibes im alten Rußland“,
„Deutsche Dialekt-Dichtung“, der Biographie „Gustav Hempel“, ꝛc. ꝛc.

In drei Abtheilungen.

Darin:

Ter lateinische Urtext, mit mehreren (alten und neuen) Uebersetzungen, — die damit in Verbindung gebrachten Weissagungen von Hainno Flörcke, Simon Speer ꝛc., — eine kurze Erläuterung des Vaticinium, — Schilderung des Klosters Lehnin mit Verzeichniß seiner Aebte, — Darstellung der Entstehung und Verbreitung des Gedichtes, — Bezeichnung seiner muthmaßlichen Urheber, und anderes darauf Bezügliche, — insbesondere Angabe aller vorhandenen Handschriften und des Inhalts der wichtigsten hier verzeichneten Werke, nebst einem alphabetischen Namen- und Sach-Register.

„— — Recipit Germania Regem.“
V. 95. Vatic. Lehnin.

Heilbronn,
Verlag von Gebr. Henninger.
1879.

Vorwort.

„Bruder Hermann von Lehnin" und seine Weissagung über die Zukunft des Hauses Hohenzollern — wer hat nicht schon davon gehört oder gelesen? Spuken sie doch nun bald seit 2 Jahrhunderten! Sind sie doch allemal aus dem Staube der Vergangenheit heraufbeschworen worden, wenn bemerkenswerthe Ereignisse sei es in ernster Weise Preußen betrafen, sei es ihm neuen Glanz und neue Größe brachten. Und zwar betheiligten sich alsdann an diesen Beschwörungen sowohl Süd= wie Norddeutschland; ja selbst das Ausland ist wenigstens theilweise nicht ohne Mitwirkung geblieben. Solche Zeiten waren insbesondre die Regierungsperiode Friedrichs des Großen, die unheilvollen Jahre, welche auf die Schlacht bei Jena folgten, die Gährungszeit Friedrich Wilhelms IV. und neuerdings wieder der glorreiche Kampf Deutschlands gegen Frankreich, die Wiederaufrichtung des deutschen Kaiserthums im Königsschlosse Ludwigs XIV. zu Versailles und die Erhebung des protestantischen Hohenzollern Wilhelm I. und seiner Nachfolger zur kaiserlichen Würde. Selbst der in unmittelbarer Folge davon aus=gebrochene ‚Culturkampf' wider Jesuitismus und Ultramontanismus ist nicht ohne sichtbare Spuren davon geblieben. Jedesmal beriefen sich die Feinde und Widersacher des Hauses Hohenzollern auf den sogen. Propheten von Lehnin!

Und wenn man nun weiß, was durch gründliche und unwiderleg=liche Forschungen, die der deutschen Kritik Ehre machen, klar erwiesen ist, daß dieser „Prophet" nichts weiter als ein Lügner und Betrüger, daß die ganze Weissagung nur eine große jesuitische Mystifikation ist, so erhält das Machwerk selbst und die durch dasselbe hervorgerufene literarische Bewegung den Stempel und den Fluch der Lächerlichkeit und Frater Hermannus wird zum Popanz, mit dem man — Kinder schreckt! —

Trotz alledem — muß es nicht ein gar merkwürdiges Product sein, welches das ernste Volk der Deutschen — das sogen. Denkervolk, das Volk der Intelligenz κατ' ἐξοχήν — und zwar durch mehrere Genera=tionen zu beschäftigen und zu interessiren (dies beweist der Absatz von circa 100 Büchern und Brochüren) und Gelehrte zu immer neuen Forschungen anzuregen vermochte? Die angeblich uralte Weissagung hat in der That viel Staub aufgewirbelt und seltsame Blasen selbst über Deutschlands Grenzen hinaus aufgeworfen; Fanatismus und alle damit verbundenen Laster haben sich darein gemischt und wahrlich, wir können uns des Stückes nicht rühmen. Allein es ist ein charakteristisches cultur= historisches Zeugniß über unser Volk und unsre neuere Geschichte, zugleich ein Denkmal ultramontaner Gesinnung gegen ein protestantisches Fürsten= haus (wie Hilgenfeld mit Recht hervorhebt), und insofern immerhin beachtenswerth.

Das sonderbare Machwerk — eine pia fraus, wie sie in der römisch=katholischen Kirche nichts Seltenes sind (wir erinnern nur an die Pseudo = Isidorischen Dekretalen und die Capitula Angilramni im 9. Jahrhunderte), ist offenbar von einem den Hohenzollern feindlichen bigotten Katholiken, vielleicht von dem Convertiten Andreas Fromm, verfaßt. Der wahre Autor ist jedoch noch nicht unzweifelhaft nachgewiesen; gewiß ist nur, daß es von der österreichischen Jesuiten=Partei ausging. Das „Vaticinium Lehninense", sicher kein bloßer „lusus ingenii" (wie Küster meinte), sondern zu einem bestimmten feindseligen Zwecke verfaßt und verbreitet, bestätigt nur den alten Satz, daß Weissagungen nur verfaßt werden, um die Absichten ihrer Urheber zu fördern. Diese Absichten be= standen aber darin, die Hohenzollern wieder römisch=katholisch zu machen.

Man wird, ohne befürchten zu müssen, von der Geschichte wider= legt zu werden, die Behauptung aufstellen können, daß der römische Katholicismus mit den Culturbestrebungen der Neuzeit unverträglich ist. Alle katholischen Dynastien und Völker gehen unter oder sind im Unter= gang begriffen; man sehe auf die Bourbons, auf Polen; man vergleiche die Zustände in Spanien, Italien, Oesterreich, Frankreich und in den südamerika= nischen Republiken! Wir sind fest überzeugt daß, wenn Karl V. Luthers Lehre ergriffen, und damit seine bereits faulende Dynastie neu gestärkt hätte, Oesterreich die deutsche Kaiserkrone nie verloren haben würde. Wie viele verwüstende Kriege (z. B. der dreißigjährige) wären damit weggefallen, und wie anders stände Oesterreich heute da! Die Hohenzollern waren staatskluge Fürsten: sie verstanden den Geist der Zeit besser; sie ergriffen die deutsche Fahne des Protestantismus, welche sie naturgemäß zum deutschen Kaiserthrone führen mußte; denn zu allen Zeiten hat der deutsche Geist gegen das römische Geistesjoch reagirt und protestirt. Auch ist ihre providentielle Mission noch lange nicht erfüllt; erst jetzt werden sie für Deutschland zu wirken vermögen, wie sie bisher für die Mark, für Preußen gewirkt haben. Sie würden sich selbst und ihre große Zukunft vernichten, wenn sie wieder unter das römische Joch kröchen. Schon der bloße Gedanke eines solchen Rücklaufes ist absurd, und nur

Fanatiker und — Jesuiten konnten ihn überhaupt denken. Die „Lehnin'sche Weissagung" ist daher nicht allein eine Fälschung, nicht allein ein Popanz, sondern auch ein purer baarer Unsinn! Von wem, wo und wann sie auch verfaßt worden sein mag, man hat nur für die eigene Täuschung gearbeitet. —

Bis um 1685 stimmen die sogen. Lehnin'schen Weissagungen (manche Irrthümer abgerechnet) mit der Geschichte überein und das war nicht schwer; denn es sind „prophetiae ex eventu" (sogen. „Hintennach-Prophezeiungen"). Von da ab sind es Phantasiegebilde, — Faseleien aufs Gerathewohl, wie es hunderte giebt und es hat allen Scharfsinns der Erklärer, welche daran glaubten oder doch so thaten, als glaubten sie daran, so wie einer Reihe von Dehnungen und Fälschungen des Textes bedurft, um nur einen vernünftigen Sinn hineinzubringen und die Geschichte damit in einige Uebereinstimmung zu setzen. Nach dieser Thatsache läßt sich die Zeit der Abfassung mit Sicherheit bestimmen: Die Prophezeiung, die aus dem 13. Jahrhundert stammen soll, ist ein Erzeugniß der letzten Jahrzehnte des 17. Jahrhunderts.

Pseudo-Hermann von Lehnin (in allen Handschriften Frater, bei den Katholiken und Convertiten aber, denen es bei solchen Gelegenheiten auf eine Handvoll Noten nicht ankommt, Abt Hermann genannt) hat also bald zwei Jahrhunderte lang Gelehrte und Ungelehrte genedt und mit seiner sogen. Weissagung für Narren gehalten; auf der andern Seite haben, wie gesagt, böse Politiker und fromme Kirchenlichter mehrere Male, und zwar bis in die neueste Zeit, hinwiederum ihn als Werkzeug für ihre preußenfeindlichen Pläne benutzt und damit selbst Höfe in Aufregung versetzt. Es ist endlich Zeit, daß man ihn zu Grabe bringt, und das kann unsres Erachtens, nachdem die historische und literarische Kritik das Gespenst überwunden haben, nicht besser und wirksamer geschehen, als wenn man Alles, was über ihn geschrieben, gedacht und — gefaselt worden (eine ziemlich ansehnliche Bibliothek!) in pragmatischer Zusammenstellung Jedem in die Hände liefert, der sich fernerhin noch mit diesem Popanz beschäftigen will. Es kann sich dann Keiner mehr mit Unwissenheit entschuldigen, die wissenschaftliche Kritik über das Opus ignoriren und ohne sich literarisch zu blamiren, das Werk für eine echte, von dem lieben Gott selbst inspirirte Vorausverkündigung aus dem 13. Jahrhundert ausposaunen. Es wird dann hoffentlich auch nicht mehr vorkommen, daß man den Verfasser zum Abte des Klosters Lehnin macht, daß der Eine ihn um 1234, der Andere um 1270 oder 1272, noch Andere um 1300, 1306, 1322, wieder Andere um 1720 oder wann sonst noch leben und prophezeien lassen; oder daß Männer, die über das Vaticinium schreiben, und zwar bis zum Jahre 1876 (!), immer wieder den Königsberger Theologen Michael Lilienthal als Herausgeber des „Gelahrten Preußen" und ersten Veröffentlicher der Weissagung nennen oder sonstige Fehler der Ignoranz leisten, an denen bisher so viele Schriften über das Machwerk kranken. Uebrigens ist das Vaticinium nunmehr von der Zeit überholt und auch, nachdem sein letzter Theil oft genug von der Geschichte widerlegt worden, soweit möglich erfüllt. Germania hat ihren Regenten — den deutschen Kaiser — erhalten und die alte Klosterkirche zu Lehnin ist auf Specialbefehl des Kaisers aus Versailles vom 18. Januar 1871 restaurirt und im Juni 1877 neu eingeweiht worden. Dagegen ist weder das Haus Hohenzollern in einem „Ultimo stemmatis" untergegangen, noch mit der Mark Brandenburg, Preußen und ganz Deutschland zum römischen Katholicismus zurückgekehrt, wie noch in den Jahren 1846—1848 jesuitische Fanatiker Friedrich Wilhelm dem Vierten in allem Ernste zumutheten; auch das alte Cisterzienserkloster ist nicht als solches wieder hergestellt (die Weltgeschichte ist keine Wiederkäuerin), sondern eine evangelische Kirche geworden. Wir können mit diesen Lösungen wohl zufrieden sein. Jedenfalls ist der Gegenstand abgeschlossen; alle bisher versuchten Dehnungen der Verse auf weitere Generationen sind ferner unmöglich und die Presse dürfte sich kaum mehr in ausgiebiger Weise damit beschäftigen. Manchen Literaturfreund, namentlich die Sammler und Liebhaber von Curiosis mag es aber interessiren, die gesammte Literatur dieser Weissagung von der ersten Zeit ihres Auftauchens bis heute kennen zu lernen und so geben wir sie hier, auf Anregung des verdienten Herrn Oberbibliothekars, Professor Dr. Barack in Straßburg, in einer Zusammenstellung, die, wenn man von den vielen Zeitungsartikeln, Aufsätzen in Zeitschriften, sowie von einzelnen Text = Abdrücken absieht, ziemlich darauf Anspruch machen darf, eine vollständige genannt zu werden. Wir haben zugleich eine Aufzählung der vorhandenen Handschriften und erläuternde Notizen über den Inhalt der Werke beigefügt. Die chronologische Anordnung, statt der sonst üblichen alphabetischen, dürfte sich aus der Natur des Gegenstandes rechtfertigen.

Berlin, im Januar 1879. **Dr. S.**

Inhalt.

Zweiter Theil.

Dritter Theil.

Alphabetisches Namen- und Sach-Register.

Erster Theil.

Die Lehnin'sche Weissagung.

> „Zweck und Absicht aller Weissagungen
> sind die, durch ihr Dasein und den Glau-
> ben an ihre Worte — die That ihrer
> Erfüllung hervorzurufen".

Vaticinium Lehninense.

I.

Vaticinium B. fratris Hermanni,

Monachi quondam Lehninensis, Ordinis Cisterciensis, qui circa annum Christi 1300 floruit et in
dicto Monasterio Lehninensi vixit, ex libro Msto., ex quo constat, hoc vaticinium jam ante annos
400 consignatum esse.

1 Nunc tibi cum cura,   Lehnin, cano fata futura,
   Quae mihi monstravit   Dominus qui cuncta creavit.
   Nam licet insigni   sicut sol splendeas igni
   Et vitam totam   nunc degas summe devotam,
5 Abundentque rite   tranquillae commoda vitae:
   Tempus erit tandem,   quod te non cernet eandem,
   Imo vix ullam,   aut si bene dixero nullam.
   Quae te fundavit   gens, haec te semper amavit;
   Hac pereunte peris   nec mater amabilis eris.
10 Et nunc absque mora   propinquat flebilis hora,
   Qua stirps Ottonis,   nostrae decus regionis,
   Magno ruit fato,   nullo superstite nato.
   Tuncque cadis primum;   sed nondum venis ad imum.
   Interea diris   angetur Marchia miris;
15 Nam domus Ottonum   fiet spelunca leonum,

Varianten. — Ueberschrift: Prophetia. — Monachi ex Monasterio
Lehninensi de Marchionibus Brandenburgicis; — De Lehnin Monachi Cisterciensis Fama Sanctitatis defuncti; — Monachi in Lehnin, ex libro MS. —
futura praesagientis domui Brandenburgicae, et Abbatis Lehnin et Chorin.
Vixit in saeculo duodecimo. — de domo Brandenburgica ab anno 1200 usque
ad finem familiae. — Vaticinium Fr. Joan. Hermanni; — ex libro mystico. —
Msto. Brandenburgensi, ut annotavit B. Mart. Frid. Seidelius. — ex quo patet —
CCCCIX — fuisse.
   1 Nunc ego. — cum Chorin. — 3 veluti. — splendidus; — nunc splendes
in igni. — 4 degas nunc. — 5 Abundent. — 6 non te. — quo te non cernit; —

Die Lehnin'sche Weissagung.

(Wörtliche Uebersetzung.)

Weissagung des sel. Bruders Hermann,

ehemals Mönchs von Lehnin, Cistercienser Ordens, welcher um das Jahr Christi 1300 geblüht und in dem genannten Kloster Lehnin gelebt hat, aus einer Handschrift, aus der hervorgeht, daß diese Weissagung schon vor 400 Jahren aufgezeichnet sei.

1 Jetzt singe ich Dir, Lehnin, mit Sorgfalt künftige Geschicke,
  Welche der Herr mir gezeigt hat, der Alles erschaffen.
  Denn obgleich Du glänzest wie die Sonne mit ausgezeichnetem
                  Feuer (Licht)
  Und jetzt das ganze Leben höchst andächtig führest,
5 Auch die Bequemlichkeiten eines ruhigen Lebens nach Gebühr im
                  Ueberfluß vorhanden sind,
  Wird eine Zeit endlich sein, welche Dich nicht als dieselbe erblicken wird,
  Ja kaum noch irgendwie, oder wenn ich recht sagen soll, gar nicht.
  Das Geschlecht, welches Dich gegründet, hat Dich immer geliebt;
  Geht dies unter, so gehst Du unter und wirst nicht eine liebliche
                  Mutter sein.
10 Und jetzt ohne Verzug naht die klägliche Stunde,
  In welcher Otto's Stamm, die Zierde unsres Landes,
  Durch ein großes Schicksal zusammenbricht, da kein Nachkomme
                  übrig bleibt;
  Und alsdann fällst Du zuerst, aber Du kommst noch nicht zum
                  Aeußersten (Niedersten).
  Indessen wird die Mark durch schreckliche Wunderzeichen geängstigt;
15 Denn das Haus der Ottonen wird eine Löwenhöhle werden,

quo te non cernes; — quo te non cernis. — 7 sed si; — et si. — 8 stirps. —
10 properat tibi. — 11 terris; — terrae. — lumen. — 12 Magna. — rues. —
13 Tumque. — cades. — 14 augetur. — malis; — viris; — minis; — curis. —
15 Nunc. — Et. — Othonum. — sepultura. — latronum.

Ac erit exclusus   vero de sanguine fusus,
Quando peregrini   venient ad claustra Chorini.
Cerbereos fastus   mox tollet Caesaris astus;
Sed parum tuto . gaudebit Marchia scuto.
20 Regalis rursum   leo tendet ad altera cursum,
Nec dominos veros   haec terra videbit et heros.
Omnia turbabunt   rectores damnaque dabunt.
Nobilitas dives   vexabit undique cives,
Raptabit clerum   nullo discrimine rerum.
25 Et facient isti,   quod factum tempore Christi :
Corpora multorum   vendentur contra decorum.
Ne penitus desit,   tibi qui, mea Marchia, praesit,
Ex humili surgis,   binis nunc inclyte burgis,
Accendisque facem,   jactando nomine pacem,
30 Dumque lupos necas,   ovibus praecordia secas.
Dico tibi verum :   tua stirps longinqua dierum
Imperiis parvis   patriis dominabitur arvis,
Donec prostrati   fuerint qui tunc honorati
Urbes vastabant,   dominos regnare vetabant.
35 Succedit patri   tollens privilegia fratri;
Non faciet bustum   non justum credere justum.
Defesso bellis   variis sortisque procellis
Mox frater sortis   succedit tempore mortis,
Fortis et ille quidem,   sed vir vanissimus idem.
40 Dum cogitat montem,   vix potest scandere pontem.
En acuit enses,   miseri vos o Lehninenses!
Quid curet fratres,   qui vult exscindere patres?
Alter ab hoc Martem   scit ludificare per artem.
Auspicium natis   hic praebet felicitatis ;
45 Quod dum servatur,   ingens fortuna paratur.
Hujus erunt nati   conformi sorte beati.

---

16 Hic. — extrusus. — 17 veniunt. — tecta. — 18 tollit. — 19 Nec. —
20 leo rursum. — tendit ad aethera sursum. — 21 Dominus. — habebit. —
24 verum. — 27 Nec penitus; — Nec nimis. — 28 inclyta. — 29 Accendis. —
30 civibus. — 31 verum verum. — longaeva. — 32 Imperii. — spatiis domina-
beris. — 33 nunc; — hunc. — 34 vastabunt. — vetabunt. — 35 succedens. —
tolles; — tollit. — 36 Non faciens. — testum; — festum. — non fuscum. —
justum non. — 37 Defessus. — 38 fortis. — 39 est. — 40 Scandere vult
montes, nequeat cum scandere pontes; — poterit vix. — 41 acuet. — genit.

Und ausgeschlossen wird der vom wahren (ächten) Blut Ent-
sprossene sein,
Wenn die Fremden zu den Klöstern Chorin's kommen werden.
Höllenhündischen (Cerberischen, dreiköpfigen) Hochmuth wird bald
des Kaisers List beseitigen;
Aber wenig wird die Mark sich des sichern Schildes freuen.
20 Der königliche Löwe wird wieder zu Anderem den Lauf richten,
Und dieses Land wird nicht wahre Herren und Meister sehen.
Alles werden die Regierer (Verwalter) verwirren und Schaden
anrichten.
Der reiche Abel wird überall die Bürger plagen,
Und den Clerus berauben ohne Unterschied der Sachen.
25 Und jene werden thun, was zur Zeit Christi geschehen:
Die Körper Vieler werden wider den Anstand verkauft werden.
Damit nicht ganz fehle, der Dir, meine Mark, vorstehe,
Steigst Du, jetzt berühmt durch zwei Burgen, aus Niederem auf,
Und zündest die Fackel an, mit dem Namen prahlend den Frieden.
30 Und während Du die Wölfe tödtest, schneidest du den Schafen die
Brust auf.
Ich sage Dir das Wahre: Dein Stamm wird lange Tage
Mit kleinen Gebieten über die väterlichen Fluren herrschen,
Bis die niedergeworfen sind, welche, damals geehrt,
Die Städte verwüsteten und die Herren nicht regieren ließen.
35 Es folgt dem Vater, der dem Bruder die Vorrechte entriß;
Das Todtenbette wird nicht machen, daß man das Unrecht für
Recht halte.
Dem durch verschiedene Kriege und Schicksalsstürme Ermüdeten
Folgt bald sein Schicksals=Bruder zur Zeit seines Todes,
Tapfer auch er zwar, aber zugleich ein sehr eitler Mann.
40 Während er an den Berg denkt, kann er kaum die Brücke übersteigen.
Seht, er schärft die Schwerter, o ihr unglücklichen Lehniner!
Was wird sich der um Brüder kümmern, der Väter vernichten will?
Der Andere weiß von diesem den Krieg durch Kunst abzuwenden.
Eine Vorbedeutung des Glücks gewährt dieser den Söhnen.
45 So lange dies beobachtet wird, wird ungeheures Glück bereitet.
Seine Söhne werden durch gleiches Loos glücklich sein.

— 42 Patres. — excidere. — matres; — fratres. — 43 ad. — fecit ludif. —
45 quod tum; — quo dum. — 46 Sequentes nati sunt pari. — forte. —

Inferet at tristem   patriae tunc femina pestem,
Femina serpentis   tabe contacta recentis.
Hoc et ad u n d e n u m   durabit stemma venenum.
50 Et nunc is prodit   qui te, Lehnin, nimis odit;
Dividit ut culter,   atheus, scortator, adulter.
Ecclesiam vastat,   bona religiosa subhastat.
Ito, meus populus,   protector adest tibi nullus,
Hora donec veniet,   nova qua restitutio fiet.
55 Filius amentis   probat instituta parentis;
Insipiens totus   hinc audit vulgo devotus;
Nec sat severus   hinc dicitur optimus herus.
Huic datur ex genere   quinos qualis ipse videre,
Et anno funesto   vitam loco linquit honesto.
60 Postulat hinc turbae   praeponi natus in urbe.
Spe ceteri sobolem,   fovet hic formidine prolem.
Quod timet obscurum,   certo tamen ecce futurum.
Forma rerum nova   mox fit patiente Jehova.
Mille scatet naevis,   cujus duratio brevis,
65 Multa per edictum,   sed turbans plura per ictum.
Quae tamen in pejus   mutantur jussibus ejus,
In melius fato   converti posse putato.
Post patrem natus   est princeps Marchionatus.
Ingenio multos   qui vivere sinit inultos.
70 Dum nimium credit,   miserum pecus lupus edit,
Et sequitur servus   Domini mox fata protervus.
Tunc venient quibus   a burgis nomina tribus
Et crescit latus   magno sub principe status.
Securitas gentis   est fortitudo regentis;
75 Sed nil juvabit,   prudentia quando cubabit.
Qui successor erit,   patris haud vestigia terit.

---

47 Inseret; — infestat. — ad. — nunc. — 48 labe. -- contracta. — (in
f.) repentis. — 50 tunc. — 52 Ecclesias. — 53 Ite; — Te; — Vade; --
Heus; — Heu. — est. — 56 Severus; — Inspiciens. — hic; — tamen. — 57
hic. — 58 quinque; — qui nos; — qui vos; — qui hos; — qui non; — sed
non. — 59 loco vitam. — claudit. — Modo funesto; — Et modo fun. vitam
linquit loco hon. — 60 Postulant. — hunc. — proponi. — 61 caeterum; —
celebri — reliqui. — tenet. — hinc. — 62 Quae. — certe. — hocce. — 63
mox veniet. — 64 scatens. — 65 turbat. — multa. — 66 Qua. — in jussibus; —
passibus; — pestibus. — 67 mutare. — Post v. 67 add.: Homo valde ingeniosus, sed nulla laude clarus. — 68 princeps et. — 69 nullos. — non vivere. —

Aber ein Weib wird eine traurige Pest in's Vaterland einführen,
Ein Weib, berührt von dem Geiser der neuen Schlange.
Und bis zum elsten wird dauern dieser Giftstamm.
50 Und jetzt geht der hervor, der Dich, Lehnin, zu sehr haßt;
Er schneidet wie ein Messer, der Atheist, der Hurer, der Ehebrecher.
Er verwüstet die Kirche, versteigert die religiösen Güter;
Gehe, mein Volk, kein Beschützer ist für dich da,
Bis die Stunde kommen wird, da die neue Rückerstattung geschehen
wird.
55 Der Sohn billigt des unverständigen Vaters Einrichtungen:
Ganz unweise, gilt er daher beim Volke als andächtig;
Nicht genug streng, wird er daher der beste Herr genannt.
Ihm wird gegeben aus seinem Geschlechte fünf wie er selbst zu
sehen,
Und er verläßt das Leben im Unglücksjahr an einem ehrenvollen
Orte.
60 Es verlangt nun das Volk zu beherrschen der in der Stadt Geborne.
Mit Hoffnung wärmen Andere ihre Nachkommenschaft, er, mit Furcht
die seinige;
Was er dunkel fürchtet, wird doch, siehe da, sicher geschehen.
Bald wird eine neue Gestalt der Dinge, da Jehova es zuläßt.
Er strotzt von tausend Fehlern, er, dessen Dauer kurz ist,
65 Da er Vieles durch ein Edict, noch Mehreres durch einen Schlag
verwirrt.
Was jedoch durch seine Befehle in Schlechteres verwandelt wird,
Das, glaube nur, kann durch das Schicksal in Besseres verändert
werden.
Nach dem Vater ist der Sohn Fürst der Markgrafschaft,
Der nach ihrem Sinne Viele ungestraft leben läßt.
70 Während er zu viel traut, frißt der Wolf das arme Vieh,
Und bald folgt der verruchte Knecht des Herrn Schicksale.
Dann werden kommen, welche Namen von drei Burgen haben,
Und es wächst unter dem großen Fürsten der weite Staat.
Sicherheit des Volkes ist die Stärke des Herrschers;
75 Aber sie wird nichts nützen, wenn die Klugheit darniederliegen wird.
Der der Nachfolger sein wird, betritt nicht die Fußtapfen des Vaters.

---

non sinit esse. — 70 cupit. — 71 Exsequitur. — post; — post forte. —
72 veniunt. — de. — 73 En. — Magnus sub; — sub — magno; — sub utroque
(nicht in Handschriften). — 74 et. — 75 nihil; — quid. — 76 hujus.

Orate, fratres,   lacrymis non parcite, matres!
Fallit in hoc nomen   laeti regiminis omen.
Nil superest boni;   veteres migrate coloni!
80 Et jacet exstinctus,   foris quassatus et intus.
Mox juvenis fremit,   dum magna puerpera gemit.
Sed quis turbatum   poterit refingere statum?
Vexillum tanget,   sed fata crudelia planget.
Flantibus hic austris   vitam vult credere claustris.
85 Qui sequitur pravos   imitatur pessimus avos.
Non robur menti,   non adsunt numina genti.
Cujus opem petit,   contrarius hic sibi stetit.
Et perit in undis,   dum miscet summa profundis.
Natus florebit,   quod non sperasset, habebit.
90 Sed populus tristis   flebit temporibus istis.
Nam sortis mirae   videntur fata venire,
Et princeps nescit,   quod nova potentia crescit.
Tandem sceptra gerit,   qui stemmatis ultimus erit.
Israel infandum   scelus audet morte piandum.
95 Et pastor gregem   recipit, Germania regem.
Marchia cunctorum   penitus oblita malorum
Ipsa suos audet   fovere, nec advena gaudet,
Priscaque Lehnini   surgunt et tecta Chorini.
Et veteri more   clerus splendescit honore
100 Nec lupus nobili   plus insidiatur ovili.

---

77 ne; — nec. — haud parcito. — 78 faciet. — boni. — Die Verse 79. 80
verserst. — 80 Sed. — foras. — grassatus. — 81 Dum. — cum; — tunc. — 82
quid. — refringere; — refigere; — restinguere; — restringere. — 83 Vexilla.
— 84 sic; — his; — hinc. — degere. — 85 Successor. — parvos. — pravus. —
pessimos. — 86 robur est. — nec adsunt. — 88 qui miscet; — qui miscuit
ima. — 91 Nec; — Nunc. — magna. — 94 Hic ast; — Is rex (nicht in Handschriften). — nefandum. — audit. — 95 Ut Papa. — 98 surgent; — arguunt. —
99 et Veterl More CLerVs spLenDesCIt honore; — splendescet. — 100 magis.

Addita manuscriptis:

Ad. v. 85 in marg. MSti Gotting.: Rex Fridericus II. hodie imperans.
Ad. v. 95 scr. manu Mart. Fr. Seidelii, in MS. 2. Berolin.: Papa Romanus.
Nisi me mea vehementer opinio fallit, intra 50 annos nullus Reformatus et
intra 100 annos nullus Lutheranus in Marchia erit. Sed Papatui omnia
subjecti (sic!) erunt. Nostri enim homines nec calidi sunt nec frigidi, ideo
evomet Deus.
Ad. v. 100, in MS. 1. Berol.: Quoniam hoc vaticinium a Papicola scriptum,
gloriae et famae hodiernae serenissimae domus nihil inde derogatur.

Betet, ihr Brüder, spart die Thränen nicht, ihr Mütter!
Es täuscht in diesem der Name das Wahrzeichen einer frohen
Regierung.
Nichts Gutes ist mehr übrig; wandert aus, ihr alten Landbauer,
80 Und er liegt erblasset außen zerschlagen und innen:
Bald knirscht ein Jüngling, während die große Gebärerin seufzt.
Aber wer wird den verwirrten Staat wieder bilden können?
Er wird die Fahne erfassen, aber grausame Schicksale beklagen:
Wenn die Südwinde wehen, will derselbe sein Leben den Klöstern
anvertrauen.
85 Der nachfolgt, ahmt seine verruchten Ahnen als der schlechteste nach.
Nicht sind Stärke dem Geiste, nicht die Gottheiten dem Volke gesellt.
Wessen Hilfe er sucht, der ist sich selbst entgegen gestanden.
Und er kommt in den Wellen um, während er das Höchste mit
dem Tiefen mischt.
Der Sohn wird blühen, er wird haben, was er nicht gehofft hätte.
90 Aber das traurige Volk wird in jenen Zeiten weinen.
Denn Geschicke eines wunderbaren Looses scheinen zu kommen,
Und der Fürst weiß nicht, daß eine neue Macht wächst.
Endlich führt der die Scepter, welcher des Stammes Letzter sein wird.
Israel wagt eine unsagbare Schandthat, die mit dem Tode zu
büßen ist.
95 Und der Hirt erhält die Heerde, Deutschland einen König zurück.
Die Mark, völlig vergessend alle Leiden,
Wagt selbst die Ihrigen zu wärmen, und nicht der Ankömmling
freut sich.
Auch die alten Dächer Lehnin's und Chorin's erheben sich
Und nach alter Sitte erglänzt der Clerus in Ehre,
100 Und nicht stellt der Wolf mehr dem edlen Schafstalle nach.

V. 99 als Akrostichon geschrieben, bezeichnet das Jahr 1812.
Zusatz zu V. 85 der Göttinger Handschrift: König Friedrich II, heute regierend.
Zu V. 95 in der 2. Berliner Handschrift, von der Hand Marr. Friedr. Seidel's:
Der römische Papst. Wenn mich meine Meinung nicht sehr täuscht, wird in
50 Jahren kein Reformirter und in 100 Jahren kein Lutheraner mehr in der
Mark sein. Sondern Alles wird dem Papstthum unterworfen sein. Denn
unsere Leute sind weder warm noch kalt; darum wird Gott sie ausspeien.
Zu V. 100 in der 1. Berliner Handschrift: Da diese Weissagung von einem Päpstler
geschrieben ist, geschieht dadurch dem Ruhm und der Ehre des heutigen hohen
Herrscherhauses keinerlei Abbruch.

II.

Erste Uebersetzung in gereimten Jamben

von

Dr. Johann Christoph Beckmann,

Professor zu Frankfurt a. O. († 1717).

1. Jetzt will ich, o Lehnin, erzählen,
   Was künftig Dir begegnen wird,
   So wie mir's Gott zu Sinne führt,
   Und will mit Fleiß Dir nichts verhehlen, —
   Nun Deiner Sonne noch kein Licht,
   Noch Dir's an ein'gem Gut gebricht,
   Und man Dein still und heilig Leben
   Sieht bis zum Himmel sich erheben.

2. Ach, aber ach! es kommen Stunden,
   Da Du Dir nicht wirst ähnlich sein,
   Da weder Du noch was das Dein
   Wird werden irgendwo gefunden.
   Der Fürsten Stamm, der Dich begab,
   Gestiftet und stets lieb gehabt,
   Mit dem wirst Du zugleich verschleißen
   Und nicht mehr werthe Mutter heißen.

3. Der Tag ist leider noch obhanden,
   Da man des Otten-Stammes Fall
   Beweinen wird meist überall,
   Und sonderlich in diesen Landen.
   Es hören Mann und Fürsten auf.
   Du fällst zwar auch; doch ist bein Lauf
   Wiewohl Dir viel an Kraft benommen,
   Noch nicht zur vollen Endschaft kommen.

4. Die arme Mark seufzt von Beschwerden,
   Sie klagt, es sei nun mit ihr aus;
   Denn der sanftmüth'gen Otten Haus
   Sieht man zur Löwengrube werden.

Und der vom Blut noch übrig war,
Wird ausgestoßen ganz und gar,
Sobald des fremden Volkes Haufen
Kommt nach Chorin mit Schreck gelaufen.

5. Drei Häupter werden zwar gefället
Durch eines einz'gen Kaisers List;
Die Mark bleibt aber wie sie ist,
Den Schild und Harnisch ganz zerschellet.
Der Löwen König gehet fort
Und sucht sich einen andern Ort
Und dieses Land bleibt unterdessen
Von seiner Herrschaft ganz vergessen.

6. Die, so an derer statt regieren,
Die richten noch mehr Unheil an:
Der Adel drückt den Bürgersmann,
Und fängt an, sich stolz aufzuführen:
Sein Uebermuth geht auch so weit,
Daß er, ohn' allen Unterscheid,
Der armen Geistlichen nicht schonet,
Und sie mit Mord und Raub belohnet.

7. Drauf wird man sich zu thun erkühnen,
Was man zu Christi Zeiten that,
Auf eines bösen Menschen Rath.
Sobald ein Käufer nur erschienen,
Wird man der Land und Leute Heil
Für baares Geld ihm bieten feil:
Man wird das Märksche Volk verkaufen,
Und mit dem Käufer lassen laufen.

8. Du, der Du mit zwo Burgen prangest,
Tritt aus der Niedrigkeit herfür:
Was hilft des Friedens Nam und Zier,
Wenn Du nur Brand und Krieg verlangest?
Du gehst zwar auf die Wolfes Jagd,
Das aber, was Dir meist behagt,
Ist nicht allein den Wolf zu finden,
Besonders auch das Schaf zu schinden.

9. Doch muß ich Dir die Wahrheit sagen:
   Dein Stamm wird langsam untergehn,
   Und nur mit kleiner Macht bestehn
   In seinen ersten Herrschafts-Tagen,
   Bis daß er untern Fuß gebracht
   Die bis dahin sich groß gemacht,
   Die sich von Raub nur wollten weiden,
   Und keinen Landesherren leiden.

10. Ein junger Sohn kömmt hoch zu Ehren,
    Und bringt den Bruder um sein Recht:
    Das heilge Grab ist viel zu schlecht,
    Das Ungerecht in Recht zu kehren:
    Doch stirbt er, nach viel Krieg und Streit,
    Und muß all' seine Länd' und Leut',
    Sobald er geht des Todes Straßen,
    Dem tapfern Bruder hinterlassen.

11. Dem tapfern zwar, der doch daneben
    Sehr ist zum Uebermuth geneigt;
    Der kaum ein Brücklein übersteigt,
    Und meint, er könne Berg' aufheben.
    Lehnin'sche Mönche, seht euch für!
    Er wetzt sein Schwerdt vor eurer Thür:
    Darf er sich an die Väter reiben,
    Wie wird er's mit den Brüdern treiben!

12. Der auf ihn folgt, weiß ohne Degen
    Dem Krieges-Feuer zu entgehn,
    Und macht, daß sein Haus kann bestehn:
    An seinem Rath ist viel gelegen.
    Sind seine Kinder so gescheut,
    Daß sie ihm folgen jederzeit,
    So dürfte schier in allen Stücken
    Es ihnen nach Belieben glücken.

13. Die Söhne haben nicht zu klagen
    Und sind an Glück einander gleich;
    Doch wird dem Land ein harter Streich
    Durch ein verführtes Weib geschlagen:

Sie bringt der neuen Schlange Gift,
Das weit die andern übertrifft,
Zuerst ins Haus, in dessen Mauern
Es bis ins elfte Glied muß dauern.

14. Dein Feind, Lehnin, wird nun erhoben,
Und schneidet schärfer als ein Stahl:
Er hurt mit frembem Ehgemahl,
Und meint, es sei kein Gott dort oben.
Mein Volk, such Hülf' am andern Ort!
Hier gehn die Kirchengüter fort:
Doch nur Gebuld! ich seh' im Schatten
Den Tag, der alles wird erstatten.

15. Der Sohn geht auf des Vaters Wegen:
Sein Aberwitz heißt Frömmigkeit;
Sein feiges Thun wird ihm gebeut't
Zum Glimpf und großem Landes-Segen:
Doch daß er fünf aus einem Stamm
An Würd' ihm gleich zu sehn bekam,
Bevor er starb in hohen Zinnen,
Pflegt wenigen das Glück zu gönnen.

16. Sein Sohn begehrt das Land zu eigen,
Und nimmt es als sein Erbgut ein.
Da sonst die Eltern fröhlich sein,
Wenn ihre Söhn' zum Wachsthum steigen,
So grämt sich dieser auf die Dauer,
Und macht ihm selbst das Leben sauer;
Und doch geschieht das noch zuletzte,
Was ihn in solchen Kummer setzte.

17. Man ändert viel; Gott wird nicht rege:
Der blöde Fürst herrscht kurze Zeit,
Groß Leid entsteht, wenn er gebeut:
Noch größers wirken seine Schläge.
Doch fährt er schon im Bösen fort,
Und ändert manches hier und dort:
So kann doch Gott zu seinen Ehren
Das Bös' in Gut gar leicht verkehren.

18. Sobald der Vater nur verblichen,
    Regiert sein Sohn das Markgrafthum,
    Mit Weisheit und besondern Ruhm,
    Daß niemand seinem Rath entwichen.
      Nur weil er gar zu leicht geglaubt,
      Hat oft der Wolf ein Schaf geraubt:
    Drum muß der Knecht zu einem Zeichen
    Zugleich mit seinem Herrn erbleichen.

19. Hernach sieht man zur Herrschaft kommen,
    Die von drei Burgen sind benannt.
      Der Fürst ist groß; weil Leut' und Land
    Durch ihn sehr mächtig zugenommen,
      Und seine tapfre Faust befreit
      Das Volk in Furcht und Fährlichkeit:
    Sobald er aber geht von hinnen,
    Wird aller Witz und Kraft zerrinnen.

20. Sein Erb' hat nicht des Vaters Stärke:
      Ihr Brüder, es ist Betens Zeit:
      Ihr Mütter, weint und traget Leid!
    Der Name zeigt sich nicht im Werke:
      Es ist ganz mit dem Guten aus!
      Geh, Landsmann, such ein ander Haus!
    Er selbst muß viel vor seinem Scheiden
    Von außen und von innen leiden.

21. Bald fängt der Jüngling an zu pochen:
      Die große Kinder-Mutter stöhnt:
      Dem Staat, der sich nach Hilfe sehnt,
    Sind alle Mittel unterbrochen.
      Der Fürst ergreifet das Panier:
      Sein Unglück ruhet vor der Thür;
    Und wenn's im Ost anfängt zu sausen,
    Verbirgt er sich in einer Klausen.

22. Auf ihn folgt einer, der in allen
      Nach seinen bösen Vätern schlacht't:
      Dem Volk entgehet Witz und Macht;
    Denn Gott hat an ihm kein Gefallen.

Der Fürst sucht Schutz bei einem Freund,
Und der ist doch sein ärgster Feind.
Es wird's gar wunderlich betreiben,
Und noch zuletzt im Wasser bleiben.

23. Der Sohn wird über alles Hoffen
     Sein Haus in besserm Zustand sehn;
     Doch ist es um das Volk geschehn,
     Weil Angst das ganze Land betroffen:
     Indem es scheint zu dieser Zeit,
     Ein großes Unglück sei nicht weit;
     Weil auch der Fürste selbst nicht merket,
     Daß eine fremde Macht sich stärket.

24. Und der hierauf den Scepter führet,
     Wird sein der letz' in diesem Haus.
     Die Juden richten etwas aus,
     Dafür mehr als der Tod gebühret.
     Wenn aber dieses ist geschehn,
     So wird, eh man sich's hat versehn,
     Die Heerde sich zum Hirten fügen,
     Und Deutschland einen König kriegen.

25. Dann wird die Mark ihr Leid vergessen:
     Das ganze Land wird insgemein
     Nur für die Landeskinder sein,
     Das eh' von Fremden war besessen.
     Lehnin kömmt wiederum empor,
     Chorin wächst aus dem Staub hervor:
     Die Pfaffheit kömmt aus ihren Nöthen:
     Der Wolf will auch kein Schaf mehr tödten.

III

Uebersetzung in gereimten Alexandrinern.

von

Wilhelm von Schütz.

(1847.)

— —

1 Mit Gram nun, mein Lehnin, ich Dir die Zukunft singe,
  Wie sie der Herr mir wies, der Schöpfer aller Dinge.
  Zwar strahlst Du jetzt noch gleich der Sonn' im Flammenscheine,
  Lebst auch Dein Leben noch ganz heilig und ganz reine,
5 Auch Deine Tage Dir in heit'rer Ruh' vergehen;
  Doch kommt nunmehr die Zeit, die Dich wird anders sehen,
  Kaum zu erkennen noch, vielmehr durchaus vernichtet,
  Obwohl Dich stets geliebt das Haus, das Dich errichtet.
  Stirbt dies, so stirbst auch Du, nicht holde Mutter länger;
10 Schnell, schnell rückt an die Zeit, tagtäglich schwerer, bänger,
  Wo der Ottonen Stamm, die Zierde dieser Auen,
  Trifft jener große Schlag und er nicht mehr zu schauen.
  Dies ist Dein erster Sturz; doch wirst Du nicht versinken,
  Die Mark nur um so mehr der herben Drangsal trinken.
15 Denn der Ottonen Haus will Löwenhöhle werden
  Und treibt das ächte Blut von vaterländschen Herden.
  Fremdlingen muß Chorin aufschließen seine Zellen;
  Nur Kaisers Kunst erdrückt teuflischen Hochmuths Schwellen.
  Lang' auch der sich're Schild soll Dir, o Mark, nicht bleiben!
20 Der Königslöwe fängt's nur anders an zu treiben.
  Das Land den wahren Herrn und Helden ganz soll missen.
  Die Herrschenden es nur verwirr'nd zu schlagen wissen.
  Der Adel, überreich, die Bürger will berücken
  Und räuberisch zugleich die Geistlichkeit erdrücken;
25 Verfahrend, wie zur Zeit des Heilands schon geschehen,
  Will mit der Menschen Leib er Handel treiben sehen.
  Ganz, meine Mark, wird nicht das Oberhaupt Dir fehlen;
  Aus Niedrigkeit erhöht soll'n Dich zwei Burgen stählen.
  Doch schürt der an den Brand, den Friedens Name schmücket,
30 Der, mörderisch dem Wolf, dem Lamm' die Brust erstricket.
  Wahr sag' ich Dir, Dein Stamm wird herrschen lange Zeiten,

Und, obwohl eng begrenzt, doch machtvoll sich verbreiten,
Bis jene sind besiegt, die, damals hochgeachtet,
Verwüstend Stadt und Land der Fürsten Fug verachtet.
35 Des Vaters Folger wird sein Recht dem Bruder rauben,
Erzwingen aber nicht dem Mißvermächtniß Glauben,
Vielmehr durch manchen Krieg und Schicksalssturm geschlagen,
Den Mitfürst-Bruder seh'n nachfolgen seinen Tagen.
Ein rüst'ger Held auch er, — der Ruhmsucht nur verfallen,
40 Den Berg anklimmend, kann nicht ob die Brücke wallen;
Er wetzt die Schwerter, seht! Weh' euch, Lehnin's Insassen!
Schont Brüder wohl, der will die Väter tödtend fassen? —
Der Nächst' ihm ist voll Kunst, um Mars selbst zu berücken,
Und seinen Söhnen zeigt er künftiges Beglücken.
45 Auch bleibt das Zeichen stehn und so das Wohl sich mehret,
Bis hoch verheiß'nes Glück den Söhnen wird gewähret.
Da bringt dem Vaterland ein Weib bösart'ge Seuchen,
Ein Weib, aus der der Schlange neuste Gifte keuchen!
Bis zu dem elften Zweig fortwüthet sein Verheeren;
50 Dann kömmt dein schlimmster Feind, Lehnin, Dich zu verzehren:
Ein schneidend Schwert, Feind Gottes, Hurer, Ehebrecher,
Der Kirche Dieb, ihr Gut versteigert er, der Schächer.
Zieh' aus, mein Volk, Du, dem der Anwalt ist entwichen,
Bis zu der Stunde, wo wird alles ausgeglichen.
55 Des Thoren Sohn das Werk des Vaters gern vollendet,
Wahnsinnig ganz, doch wird vom Volk ihm Preis gespendet.
Ohn' strengen Ernst, der Meng' er gutem Helden gleichet,
Der Nachkömmling jedoch von seinem Weg' abweichet;
Schmachlos der Ort, an dem schmachvoll er selbst verschieden.
60 Den Sohn stell'n Stadt und Volk mit bloßem Zweig zufrieden,
Von dem er Nachwuchs hofft; doch Furcht bangt seine Sprossen
Vor Künst'gem, dunkel zwar, wahr, aber bald erschlossen.
Rasch ändert alles sich, das Gott nur hin ließ gehen,
Verhüllte Nichtigkeit, die nie kann lang bestehen.
65 Was ein Gesetz auch thu': der That Drang es entsetzet;
Und hat es schlecht gesetzt, von Oben wird's ersetzet.
Ein Künst'ges, schlecht gedacht, bald kann es sich verschönen.
Noch folgt dem Markgraf zwar der erste von den Söhnen.
Straflos nach Eigensucht läßt er die Seelen walten;
70 Weil er zu sehr traut, darf der Wolf im Schafstall schalten.
Der freche Diener muß sich mit dem Herrn entzweien.

Da rückt die Zeit an, wo die Burgen sich verbreien.
Der Staat, schon stark, wächst nun nach seinen beiden Seiten,
Und Fürstenstärke darf dem Volke Schutz bereiten.
75 Doch nichts hilft Fürstenkraft, sobald die Weisheit schmachtet,
Denn ganz, der nunmehr folgt, des Vaters Bahn verachtet.
O flehet, Brüder, fleht! Laßt, Mütter, Thränen schleichen!
Sein Name trügt. Er ist nicht sanfter Herrschaft Zeichen.
Der Guten schont er nicht. Urvolk! verlaß die Auen,
80 Sein Tod wird innen sein wie äußerlich ein Grauen.
Der Jüngling stürmt; doch liegt die Wöchnerin im Ringen,
Bald ist die Welt entfügt; schwer sie zurückzubringen.
Zur Fahne greift der Fürst. Doch die Geschicke brausen
Südwestlich her. Er sucht die vaterländ'schen Klausen.
85 Der nun folgt, sich das Ziel der schlechten Ahnen wählet,
Sein Herz ist schwach. Dem Volk die Gottesandacht fehlet,
Und der, dem er vertraut, ihm sich entgegenstellet.
Bald er im Meer ertrinkt, das er selbst aufgewellet.
Der Sohn wird blüh'n; mehr, als er hoffte, wird er haben,
90 Doch schwer in Drangsal sich darob das Volk begraben;
Denn wunderbar will sich, scheint es, die Welt erneuen;
Jedoch der Fürst sieht nicht der großen Macht Gedeihen.
Den Scepter führt nun, der den alten Stamm soll schließen;
Israel Frevel wagt, nur durch den Tod zu büßen.
95 Den Hirt die Heerde nimmt, den König Deutschland wieder
Und in der Mark sinkt nun die alte Drangsal nieder.
Der Sasse darf sich jetzt, nicht mehr der Könnmling freuen;
Die Dächer von Lehnin und von Chorin sich neuen.
Der Klerus wieder strahlt in seinen alten Ehren
100 Und nicht den Schafstall mehr wird nun der Wolf verheeren.

IV.

Uebersetzung in Hexametern

vom

Herausgeber.

---

1 Sorglich singe ich Dir, o Lehnin, das zukünftige Schicksal,
Wie es zu schauen der Herr mir gegönnt, der Alles erschaffen.

Heute noch strahlt Dir glänzende Pracht, vergleichbar der Sonne,
Und Du verbringst Dein Leben mit andachtsvollen Gebeten,
5 Schwelgst in Genüssen der Ruh und Du freust Dich frieblichen Lebens.
Doch eine Zeit rückt an, die Dich nicht sieht mehr wie heute,
Kaum mehr Dich sieht, ja sag' ich es recht, Dich nimmermehr siehet.
Mit dem Geschlecht, dem das Dasein Du dankst, das immer Dich liebte,
Wirst Du vergehen und nicht mehr sein die liebliche Mutter.
10 Balb wird, ohne Verzug Dir nahen die klägliche Stunde,
Da der Ottonen Stamm, der Ruhm dieser Lande, dahinsinkt,
Weil dem Geschick er verfällt, daß ihm kein Erbe vorhanden.
Damit beginnet Dein Fall; doch noch nicht gehst Du zu Grunde.
Aber die Mark wird indessen geängstigt von schrecklichem Unheil;
15 Denn jenes Haus der Ottonen — es wird eine Höhle der Löwen,
Und aus dem Lande verdrängt wird des Stamm's rechtmäßiger
Sprosse,
Wenn zu Chorin's schön ragendem Kloster die Fremden heranziehn.
Freilich des Cerberus Stolz schlägt hurtig der Kaiser zu Boden;
Wenig jedoch erfreut sich die Mark eines sicheren Schirmes.
20 Denn nach Anderem wirft der Königs=Leu seine Blicke.
Nicht mehr sieht dieses Land seine wahren Fürsten und Herren.
Statthalter Alles verwirren und große Wunden sie schlagen;
Allüberall wird abliger Druck hier plagen die Bürger,
Allüberall ohn' Unterschied ausrauben den Clerus.
25 G'rade so werden sie thun, wie zu Christi Zeiten geschehen,
Und den Gesetzen zum Hohn gar Handel treiben mit Menschen.
O meine Mark, damit nicht gänzlich ein Herrscher Dir fehle,
Steigt aus dem Niedern herauf, der durch zwei Burgen berühmt ist,
Zündet die Kriegsfackel an und prahlt mit dem Frieden im Namen.
30 Während er tödtet den Wolf, zerreißt er das Herz seiner Schafe.
Höre, ich sage Dir wahr: Dein Stamm wird sehr lange Zeiten
Herrschen im kleinen Land, von den Vätern den Söhnen vererbet,
Bis sie gestürzt sind, sie, die frech die Städte verwüsten,
Die, weil geehrt, widerstehn und die Fürsten nicht lassen regieren.
35 Der nun dem Vater folgt, entreißet dem Bruder das Vorrecht;
Aber er bringt's dahin nicht, daß für Recht man halte das Unrecht.
Ihm, durch mancherlei Kriege und Schicksalstürme ermüdet,
Folgt sein Schicksalsgenoß nach jenes Tode, der Bruder,
Tapfer gewiß auch er, doch eitel gar über die Maßen.
40 Während er denkt an den Berg, kann kaum er die Brück' übersteigen,
Seht wie die Schwerter er schärft — Unglückliche, o ihr Lehniner!

2*

Was sind Brüder für den, der will ausrotten die Väter!
Der nun folget, versteht es den Krieg durch Kunst zu vermeiden,
Zeiget den Söhnen den Weg, der verheißt ihnen glückliche Tage;
45 Und so lang er beobachtet wird, sind heilsam die Folgen;
Gleiches Glück wie er selbst, auch werden die Söhne genießen.
Aber dann bringet ein Weib gar traurige Pest in die Lande;
Denn dies Weib ist berührt vom Geifer der neuesten Schlange.
Dauern der Giftstamm wird bis hinab in's elfte der Glieder.
50 Der am meisten Dich haßt, Lehnin, tritt jetzt auf die Bühne;
Schneidig wie Eisen ist er, Atheist, Ehbrecher und Hurer.
Ach, er verwüstet schwer die Kirche und raubt ihre Güter.
Fliehe, mein Volk! denn nirgends ist Dir ein Schützer vorhanden,
Bis zur Zeit da die Stunde kommt, wo Zerstörtes sich herstellt.
55 Billigen seh' ich den Sohn, was gethan unsinnig der Vater.
Albern beträgt er sich ganz und das Volk doch nennt ihn den Frommen;
Streng nicht genug, wird er als der beste Herrscher gepriesen.
Ihm wird gegeben zu sehn vom Stamme fünf seines Gleichen,
Und am prächtigen Ort verläßt er das Leben im Pestjahr.
60 Nach ihm begehret das Land der erst' in der Hauptstadt Geborne.
Kinder nährt er mit Furcht, wie Andre die ihren mit Hoffnung.
Und in der That wird gescheh'n, was er stets dunkel gefürchtet.
Bald empfangen die Ding' eine neue Gestalt durch Jehovah.
Ob er von tausend Makeln auch strotzt, so dauert's nicht lange.
65 Viel Unheil erzeugt ein Edict, doch mehr noch ein Faustschlag.
Was er durch seine Befehl' nur schlimmer machet, das, glaubt mir,
Kann gar leicht durch's Geschick verwandelt werden zum Bessern.
Nach ihm folget der Sohn in der Mark als fürstlicher Herrscher,
Der nach ihrem Gelüst ungestraft gar Manche läßt leben;
70 Da zu viel er vertraut, an der Heerde zehren die Wölfe
Und bald folget im Tod der erbärmliche Diener dem Herren.
Jetzt werden kommen zur Macht, die von drei Burgen sich nennen.
Unter dem großen Fürsten heran wächst mächtig die Herrschaft.
Sicherheit giebt zwar dem Volk die Tapferkeit des Regenten;
75 Doch wenn Klugheit schläft, was kann das Alles ihm nützen?
Nicht auf des Vaters Weg geht der, der weiter ihm folget.
Betet ihr Brüder zu Gott, spart nicht ihr Mütter die Thränen!
Lügen nur wird sein Name von einer Regierung des Friedens,
Denn nichts Gutes gedeiht; zieht fort, ihr alten Bewohner!
80 Außen und innen gequält, fällt er zur Beute dem Tode.
Bald ein Jüngling tobt, da die große Wöchnerin seufzet;

Wer aber mag herstellen den Staat, wenn der in Verwirrung?
Seht, wie die Fahn' er ergreift, doch grausames Schicksal erfährt er!
Während die Südwinde wehn, vertraut er das Leben den Klöstern.
85 Der ihm folget, der Schlechteste ist's, er folget den Ahnen;
Stärke ermangelt dem Geist, seinem Volke mangelt die Gottheit.
Wo er nur Hilfe begehrt, da findet er heftige Feinde.
Ihm bringt Wasser den Tod, da er Oberstes kehret zu Unterst.
Herrlich blühet der Sohn, Ungehofftes wird er erhalten.
90 Aber das traurige Volk in jenen Zeiten wird weinen;
Wunderbares Geschick und Ereignisse scheinen zu kommen,
Und nicht merket der Fürst, welch' neue Gewalt ist im Wachsen.
Endlich besteiget den Thron, der da sein wird der Letzte des
Stammes.
Israel waget entsetzliche That, mit dem Tode zu büßen.
95 Wieder erhält die Heerde der Hirt und Deutschland den König.
All' ihre Leiden vergisset die Mark, die so lange gebuldet;
Selbst ihre Kinder sie nährt, und nicht mehr freut sich der Fremdling.
Lehnin's Dächer steigen empor und die Thürme von Chorin;
Lange vergangener Zeiten Pracht umstrahlet den Clerus,
100 Und kein Wolf bedrohet hinfort den herrlichen Schafstall.

--- --- ---

V.

Traveſtie der Lehnin'ſchen Weiſſagung.

Vaticinium P. Simonis Speer, Coenobitae Benedicto-Burani de anno 1599.

1 Nunc tibi cum cura,   Buron! cano fata futura, (1)
  Quae mihi monstravit   Dominus qui cuncta creavit. (2)
  Nam licet insigni,   sicut sol, splendeas igni, (3)
  Et vitam totam   nunc degas summe devotam: (4)
5 Tempus erit tandem,   quod te non cernet eandem, (6)
  Imo vix ullam,   sed si bene dixero, nullam. (7)
  Quondam vos estis   de fuso sanguine testis. (Neu)
  Quae nunc regnavit   stirps, haec te semper amavit; (8)
  Hac pereunte peris,   nec mater amabilis eris. (9)
10 Et nunc absque mora   propinquat flebilis hora, (10)
  Qua stirps Ottonis,   nostrae decus regionis, (11)

Magno ruet fato,   nullo superstite nato. (12)
Tuncque cades primum,   sed nondum venis ad imum. (13)
Interea diris   augetur gens pia viris; (14)

15 Nam domus Ottonum   fiet spelunca leonum, (15)
Nec dominos veros   haec terra videbit et heros. (21)
Omnia turbabunt   rectores, domnaque dabunt. (22)
Princeps haud dives   vexabit undique cives, (23)
Raptabit clerum   nullo discrimine rerum, (24)

20 Et facient isti,   quod factum tempore Christi; (25)
Corpora multorum   vendentur contra decorum. (26)
Donec prostrati   fuerint, qui tunc honorati (33)
Cunctos vexabant,   Dominos regnare vetabant, (34)
Tunc dux non fortis   veniet ceu tempore mortis, (38)

25 Fallax ille quidem,   sed vir vanissimus idem; (39)
Dum cogitat pontes,   vix potest scandere montes; (40)
Ecclesiam vastat,   bona religiosa subhastat. (52)
Ite, meus populus!   protector est tibi nullus, (53)
Hora donec veniet   nova qua restitutio fiet. (54)

30 Inferet ac tristem   patriae tunc femina pestem, (47)
Femina serpentis   tabe contacta recentis. (48)
Vir bonus totus,   tamen audit vulgo devotus; (56)
Nec est severus,   hinc dicitur optimus herus; (57)
Quod timet obscurum,   certe tamen ecce futurum. (62)

35 Forma rerum mox nova   fiet, patiente Jehova, (63)
Multa per edictum,   sed turbans plura per ictum; (65)
Quae tamen in pejus   mutantur jussibus ejus, (66)
In melius fato   converti posse putato. (67)
Dum nimium credit,   miserum pecus lupus edit. (70)

40 Decrescit latus   fastuoso sub principe status. (73)
Securitas gentis   est fortitudo Regentis; (74)
Sed quid juvabit   correctum quando cubabit? (75)
Orate fratres,   lacrimis haud parcite, matres! (77)
Fallit in hoc nomen   laeti regiminis omen; (78)

45 Nil superest boni,   veteres migrate coloni! (79)
Non robur menti,   non adsunt nomina genti. (86)
Cujus opem petit,   contrarius hic sibi fiet, (87)
Et perit in undis,   dum miscet summa profundis. (88)
Sed quis turbatum   poterit refringere statum? (82)

50 Qui sequitur, justos   imitabitur maximos avos. (85)
Qui successor erit,   patris haud vestigia terit. (76)

Filius amentis   odit instituta parentis. (55)
Auspicium natis   hic praebet felicitatis; (44)
Quod dum servatur,   ingens fortuna paratur. (45)
55 Hujus erunt nati   conformi sorte beati. (46)
Natus florebit,   quod non sperasset habebit; (89)
Non flebit tristis   populus temporibus istis. (90)
Nam sortis mirae   videntur fata venire, (91)
Et princeps nescit,   quod nova potentia crescit. (92)
60 Tandem sceptra gerit,   qui stemmatis optimus erit, (93)
Et pastor gregem recipit,   Bojoaria Regem. (95)
Buron cunctorum   penitus oblita malorum, (96)
Ipsa suos audet   fovere, nec advena gaudet; (97)
Priscaque tunc templi   surgent mox tecta divini, (98)
Et veteri more   clerus splendescet honore, (99)
65 Nec lupus nobili   plus insidiatur ovili. (100)

Dieſes ſogenannte Vaticinium iſt im J. 1848 von J. Ab. Booſt, einem eifrigen Katholiken (ſ. u. im 3. Theil), veröffentlicht, der damit beweiſen wollte, daß die darin ſtark benutzte Lehnin'ſche Weiſſagung ſchon im Jahre 1599 in Bayern bekannt geweſen ſei. P. Simon Speer war Prior in dem Benedictiner Kloſter Benedict-Beuern und wurde im Mai 1632 von den Schweden ermordet (ſ. P. Car. Meichel-bed, Chronicon Benedictoburanum, op. posth. cur. P. A. Haidenfeld, 1753, fol. Pars I. cp. 35, § 2), iſt aber im Uebrigen ganz unbekannt. Es iſt von Gieſeler (S. 65), Guhrauer (S. 93—98) und beſonders von Hilgenfeld (S. 120—127) nachgewieſen, daß dies dem P. Speer zugeſchriebene gedankenloſe Mach-werk erſt im Jahre 1803 (oder noch ſpäter?) verfaßt worden ſei. Die hier miß-brauchten 65 Verſe der Lehnin'ſchen Weiſſagung ſind oben am Ende jeder Zeile in Klammern beigefügt worden; es geht daraus die ‚wahre Begeiſterung‘ des bayeriſchen Sehers, der ſich ſeine Verſe zuſammenſuchte, mit Evidenz hervor. Nur ſein V. 7 iſt neu; alles Uebrige geſtohlen! Armer Simon oder David Speer! (denn Booſt nennt ihn bald Simon bald David) Dich hätten deine Verehrer auch beſſer ruhen laſſen!

In der Traveſtie wird den noch heute regierenden Wittelsbachern, der Hauptſtütze des Katholicismus in Deutſchland im Jahre 1599 und heute, der nahe Untergang, und zwar von einem Bayern, prophezeit! Iſt das von einem Mönche denkbar? — ganz abgeſehen davon, daß die Weiſſagung eine falſche war; denn die Dynaſtie blüht noch heute. — Das Kloſter Benedict-Beuern iſt jetzt eine berühmte Glasfabrik, welche die beſten optiſchen Gläſer liefert (ſ. Guhrauer, S. 98).

VI.

Weiſſagung Joachim's I.

ſ. b. Rentſch, Brandenburgiſcher Cederhain, 1682. S. 510.

„— Churfürſt Joachim I. (1484—1535), hat ehemals eine Aſtro=
logiſche Weiſſagung verfaſſet, darinnen er Hofnung machet: es werde
das Brandenburgiſche Haus zu Königlicher, und in der ganzen
Chriſtenheit höchſter Würde gelangen; und ſcheint, als habe dieſer große
Chur=Fürſt (Friedrich Wilhelm) ſolches Prognoſticon erfüllet. Wiewohl
Gottes Güte nicht gebunden denen Nachfolgern noch mehrere Ehren=
Mahle zu ſetzen.

Wolff (1850), ſ. unten a. a. O. S. 133, ſagt darüber: Ich bin aus guten Gründen
geneigt, der von Kurfürſt Joachim I. verfaßten aſtrologiſchen Weiſſagung: Es werde
das Brandenburgiſche Haus zur königlichen und in der ganzen Chriſtenheit höchſten,
d. h. kaiſerlichen Würde gelangen" mehr Glauben zu ſchenken, als dem Pſeudo=
Hermann, der offenbarer Lügner und ſo wenig Prophet war, daß er die königliche
Würde der Hohenzollern nicht einmal andeutet ꝛc." Auch das „recipit Germania regem"
im B. 95 hat nach Wolff (S. 102, 134 u. 174) durchaus nicht den Sinn, als pro=
phezeie Pſeudo=Hermann, der die Hohenzollern haßt, ſie „stemma venenum" (Gift=
ſtamm), „pravos avos" (verruchte Ahnen) nennt, einen Fürſten dieſes Hauſes als künf=
tigen Deutſchen Kaiſer, ſondern nach dem ganzen Inhalt und Sinn des Schmäh=
gedichtes iſt der Gedankengang der Verſe 93—95 ein ganz anderer, wornach das
Haus der Hohenzollern untergeht, Oeſterreich ſein Erbe wird und Deutſchland einen
König giebt (ſ. unten b. hiſtor. Erläuterungen zum Vaticinium, S. 55). Gewiß
war wenigſtens ſo die Meinung des Apoſtaten und Convertiten Andreas Fromm
und ſeiner Nachtreter, wie Wilh. v. Schütz, W. Meinhold u. A. —
Vergl. auch Dr. Guhrauer, 1850, S. 91—93.

VII.

Eine andere Weiſſagung.

des

Bruders Hermann von Lehnin

wird angeführt in (Gg. Dan. Seyler) „der Preußiſche Wahrſager" v. Zoroaſter.
1741. 4°. S. 12 u. ff. und in dem „Europäiſchen Staatswahrſager", Bremen 1741.
S. 169—176. Es heißt hier:

„Wir fügen eine andere Vorherſagung bey, welche Anno 1620 ein
Dohm=Cuſtos zu Berlin*) in einer Viſion empfunden, und gleich

---

*) Der Europ. Staats=Wahrſager nennt ihn „Andreas Otto, Tuchmachers=
ſohn aus Tangermünde an der Elbe, geb. im October 1532, hernach Dom=Cuſtos

brauff seinem Anverwandten Hainno Flörcken, Cantzeley-Actuario in Tangermünde erzehlt, der sie dann von Wort zu Wort aufgeschrieben und dem Archiv einverleibet. Sie ist aber noch selbiges Jahr von Barth. Ringwald in deutsche Reimen gebracht, und in der damahligen Rungischen Druckerey zu Berlin, im grauen Kloster genannt, gedruckt und Anno 1645 daselbst in der Kallischen Handlung wieder aufgelegt worden. In der Vorrede thut gedachter Hainno Flörcke auch Meldung von obiger Lehninischen Prophezeyung und führet daraus folgende merkwürdige Stücke an: „Eine gebratene Ganß (d. i. Joh. Huß, der Anno 1417 zu Costnitz verbrannt worden, da zu gleicher Zeit Kayser Sigismundus das Brandenburgische Haus mit dem Churhut geziert) bereitet dem Hause Brandenburg einen herrlichen Tisch. Eine Sonne geht in Brennus' Hause auf, und beleuchtet das ganze Prutenische Reich im höchsten Glanze. Der schwarze Adler im weißen Thal steiget herauf mit Macht: mit seinen Riesen überwältigt er das Gebirge, und machet sich dieselben unterthan; doch regieren unter denselben große Drangsalen. Ein Jüngling von 28 (25) Jahren, aus dieses Adlers Federn entsprossen, erhebet seinen Flug und steiget über des alten Stärke empor. Der Name Friedrich ist dem Hause gesegnet. Der Letztere davon wird durch ein finstres Thal endlich ins gelobte Land kommen, und alle seine Nachstellungen überwinden. Die Trübsale werden aufhören, und er wird der Simson sein, so des Löwen Rachen aufreißet. Ein gewaltiger Fürst aus diesem Hause wird dem Pabst an die Krone tasten, daß er taumelnd dahin fällt, und so leicht nicht wieder aufstehen kann, weil ihm Kraft und Macht benommen wird. Der schwarz- und weiß-gewürfelte Lappenhund, so aus dem Baltischen Meer hervor steigt (d. i. Schweden), bekommt vom Adler im weißen Thal einen tapfern Stoß, und dieser scheuet sich nicht, auch nicht der Sonne (d. i. Frankreich) zu weichen".

Von der Vision selbst, weil sie nicht nur vor wenig Jahren wieder aufgelegt worden, sondern auch bekannte und schon erfüllte Dinge enthält, will ich nur den Schluß derselben, welcher noch in die Erfüllung gehen soll, beifügen:

„Als ich nun (in der Osternacht 1620) alle die Pracht (in Berlin) in meinem unruhigen Gemüth betrachtete, und nicht begreifen konnte, wo diese nahrlosen Zeiten herrührten, tief in Gedanken stund, mich um-

---

zu Berlin an der Kirche zur heil. Dreyfaltigkeit (Domkirche), ein christlicher und gottesfürchtiger Mann, damals 89 Jahre alt."

fah, und den alten Greis wieder bei mir fand, so neben sich einen
muntern Jüngling stehen hatte, führte er mich an das 4te Eck (des
Schlosses) und zeigte mir die Magnificentz und Herrlichkeit, welche im
vollen Glanz wieder hervorbrechen wollte, daß auch alles Volk sich
munter regte und bewegte, die Gemüther in vergnügter Ruhe und Zu=
friedenheit lebeten und alles in vollkommenem Flor sich zeigte.
Dieses alles betrachtend, ersahe ich als in einem Blitz eine große Krone
über dem königlichen Palast schimmernd schweben, und 9 kleinere um
derselben herum, so gleichsam tanzend sich bewegten, mit der Schrift,
die ein großer schwarzer Adler über der Krone schwebend im Munde
führte, auf welchem einen „Esto Fidelis" und auf dem andern Ende
„Manebit" stand, nicht ohne große Verwunderung entzückt solches an=
schaute. Siehe darauf erhub sich ein großer Sturm und gab sich von
allen vier Ecken des Altans zusammen, da dann in der Lufft ein großes
Prasseln und Rasseln erfolgte; auch ein schwarzer Dampff sich über der
St. Petri=Kirche erhub, der sich in helle Flammen ausbreitete, durch das
große Lamentiren und Geschrei der Einwohner, weil hernach aus den
großen Flammen und Dampff von der Kirche, sich an dem Himmel ein
großes **W** zeigte. Hierauf erfolgete ein gräßliches Wehklagen, und ich
erschrack, es zitterte mir mein ganzer Leib und darüber erwachte ich aus
meinem ängstlichen Traum, gleich da es drey Uhr war, konnte auch nicht
weiter zu meinen Gedancken kommen, sondern da mir dieses stets in
Sinn und Gedancken lag, den folgenden Tag dem Hochw. Ministerio
diesen Traum offenbahrte und erzählte, die es aufnotiren ließen. Von
der Zeit an ich also des Bettes bis an meinen Sterbe=Tag hüten müssen,
welcher auch am Himmelfahrts=Tage den 18. May erfolgte, und also
mein Leben beschloß".

Der gar zu mittheilsame und naive Mann berichtet also sogar seinen eigenen
Tod! — Diese Prophezeiung ist nicht weniger apokryph, als die Lehninische des Bruder
Hermann. Sie soll im Jahr 1620 erzählt und im selben Jahre von Bartholo=
maeus Ringwaldt in Verse gebracht sein. Allein dieser Bartholomaeus Ring=
waldt, ein bekannter Liederdichter, aus Frankfurt a. O., war im Jahr 1600 schon
todt, konnte also im Jahr 1620 keine Verse mehr machen. Ebenso gewiß ist, daß
kein Druck dieser Vision, weder in 1. noch 2. Aufl. vorhanden ist, was doch, wenn
sie in Berlin gedruckt wäre, in der Königl. Bibliothek daselbst, an welche Exemplare
von allen in Preußen gedruckten Schriften von jeher abgeliefert werden mußten,
der Fall wäre. Die ganze Prophezeiung Flörke's ist vor dem obigen Druck von
1741 überhaupt nicht bekannt. Vergl. Giesebrecht in der N. Preuß. Zeitung
1849, Beil. zu Nr. 74. Sie scheint als protestantisches Gegenstück zum Vaticinium
Lehninense nach der Bekanntwerdung desselben verfertigt zu sein. Hilgenfeld
(S. 32) sagt geradezu: „Man müßte blind sein, wenn man den Verfasser nicht als
einen Schriftsteller aus der kaiserlosen Zeit vom 26. October 1740 bis 24. Januar

1742 erkennen sollte". Wie steht es aber mit der von Hainno Flörcke „in der Vorrede angeführten alten ‚Lehnin'schen Prophezeiung'?" Daß die daraus von ihm citirten Stellen nicht in dem jetzt bekannten Vaticinium Lehninense stehen, ist auf den ersten Blick ersichtlich. Es müßte also, falls diese Prophezeiung nicht ebenfalls erfunden ist, zwei verschiedene Lehnin'sche Weissagungen geben, resp. gegeben haben. In dieser ganzen Geschichte sind nur Räthsel. Dr. Schorn u. A. behaupten, der Rath Erasmus Seidel, der Vater des Kammergerichtsraths M. Fr. Seidel, habe die ältere Weissagung nach Einziehung des Klosters Lehnin aus vornehmen Händen erhalten und besessen, und Wolff will aus diesem Besitz hinüberleiten zu dem neueren Text und eine geheime Verbindung zwischen beiden herstellen (s. unten Nr. XV: Andreas Fromm, S. 42), indem er annimmt, jener ältere Text sei, im Besitze von Erasmus Seidel, mit dem jüngeren Texte vertauscht worden. Dr. Guhrauer, a. a. O., S. 83—91, wie vor ihm auch Dr. Giesebrecht, a. a. O. S. 469, erklären diese sogen. ältere Lehnin'sche Weissagung sammt der ganzen Vision des Domküsters, mit guten Gründen für Erdichtung von ca. 1736. — Die 9 kleineren Kronen bedeuten die Kurfürsten; deren gab es aber im Jahre 1620 nur 7; 1648 kam die achte, 1692 die neunte und 1803 die zehnte hinzu. Von 1777—1803 hatte es wieder nur 8 gegeben. Hiernach läßt sich die Zeit der Abfassung der obigen Prophezeiung annähernd bestimmen.

VIII.

Eine dritte Weissagung
des
Frater Hermannus von Lehnin

s. b. (Henkel) „Frater Hermannus Lehninensis redivivus, 1745. S. 331 (verdruckt ist: 313).

Henkel führt (S. 328 ff.) erst Dr. Lange's Erklärungen über den Propheten Daniel und die Offenbarung Johannis an und fährt dann fort:

„Die andere Meinung ist des Frater Hermannus von Lenin. welche folgendermaßen also lautet: Wenn ich die zweytausend dreyhundert Tage des Propheten Daniels wohl erwäge, so laufen dieselben im Jahre 1742 zu ihrem Ende. Alsdann wird der Antichrist zu seiner Herrschaft kommen, ein Herr, dessen Name LVDOVICVS heißt, gleichwie die Zahl des Thiers 666, die in diesem Namen enthalten ist, zu erkennen giebet (Offenb. Joh. cp. 13, V. 18). Desselben Regiment erstrecket sich viertehalb Jahr (nehmlich von 1742 den 24ten des Monaths Januarii, an welchem Tage Carolus VII. zum römischen Kayser erwehlet ward, bis zur künftigen Kayser-Wahl im Monath Junio 1745). In welcher Zeit er die Tochter Babel's zerstöhren (eine wirkliche papistische Regentin, die als eine Königin beschrieben wird Esaia cp. 47 V. 7) und zugleich des Papstes Untergang befördern wird. Denn alsdann wird der HErr sich aufnehmen, Babel's Reich sowohl als die Herrschaft des

Antichrists zu vertilgen, sein Reich auszubreiten, welches bestehen wird tausend Jahr (in diesen Worten wird gelehret, daß ein protestantischer Fürst zum Kahser-Thron gelangen werde)."

Woher Henkel diese Weissagung des Fr. Hermann, auf die sich auch Val. H. Schmidt (1820, S. 70) beruft, geschöpft habe, ist unbekannt. War sie etwa auch ein Theil der im vorigen Abschnitt von Hainno Flörcke erwähnten „älteren" Lehnin'schen Weissagung? Oder ist sie nur eine Mystifikation und von Henkel selbst erfunden (wie Giesebrecht, Guhrauer u. A. vermuthen). — Man sieht aber aus diesen beiden Prophezeiungen, wie leicht dergleichen damals und früher fabricirt wurde.

·———·

IX.
Das Kloster Lehnin,

gelegen an der Havel in der Landschaft Zauche, nordwestlich 3 Meilen von Potsdam und nordöstlich 2 Meilen von Brandenburg, wurde 1180 von dem Markgrafen Otto I. (aus ascanischem Stamme) gegründet und dem Cistercienser-Orben übergeben. Damals mitten in Wald und Sumpf gelegen und umgeben von slavischen Wenden, suchten die Mönche die letzteren zu bekehren und zu civilisiren, sowie das Land ringsum urbar zu machen, was ihnen auch nach manchen Kämpfen um 1300—1330 gelungen war.

Das Kloster war eines der reichsten in der Mark; es gehörten ihm (nach Gercken) 2 Städte, 114 Dörfer, 14 Vorwerke, außerdem noch in verschiedenen Dörfern 83 Hufen Acker; es bezog die Naturallieferungen und Pacht von 12 Wind- und 6 Wassermühlen, von 54 Seen und Fischereien mit 335 Zügen; es besaß 14 ansehnliche Forsten und den Zehnten von einer Menge von Weinbergen, Gärten und Wiesen. Die Klosterkirche war reich geschmückt, die Bibliothek mit religiösen Schriften wohl versehen. Literarischthätig sind die Mönche indessen niemals gewesen; sie waren meist ungebildete Leute, die sich mit ihrer großen Haus- und Feldwirthschaft und der Verwaltung ihres Besitzes beschäftigten, von Gelehrsamkeit und literarischen Studien aber nicht viel hielten. Nicht einmal das kleinste Gerippe einer Chronik oder einer Geschichte ihres Klosters haben sie hinterlassen (s. Spieker, 1839. 1, 136).

Der Name des Klosters schwankt in den alten Urkunden und Chroniken zwischen den Formen Lenin, Lennin, Lennhin, Lenhn, Lenhhn, Lehenhn und Lennhn; auch die Formen Lanin (Chron. Mont. ser.) und (wahrscheinlich verschrieben oder verdruckt) Lemnin (Hist. Cisterc.) und Levin (bei Leuckfeld, Antiqu. Walkenried.) kommen einmal vor.

Sonst bezeichnet Levin ein Kloster in Schlesien. Der Name soll (nach Pulcawa, Chron. Brandenb.) Hirsch oder Hirschkuh bedeuten (slavisch: Jölen und Lanie, russisch: Olén). Der erste Abt Sebaldus (Johann Siebold) wurde von den Wenden ermordet. Auch hatte das Kloster viel mit den Quitzow's und andern Adeligen zu kämpfen. Von ihm aus wurde Chorin, Neuzelle und Himmelspforte gegründet.

Nach der Reformation, als der Churfürst Joachim II. den lutheri=schen Glauben annahm, erschien das Kloster überflüssig und wurde 1542 nach dem Tode des letzten Abtes Valentin, aufgehoben. Es hatte 362 Jahre bestanden und 29 Aebte gehabt.

X.
Verzeichniß der Lehniner Aebte
von der Gründung des Klosters (1180) bis zur Aufhebung desselben (1542).

Nach Urkunden bei Gercken, Cod. dipl., Val. Schmidt und Heffter. Data der Urkunden.

1180.	Johann Siebold (Sebaldus).
1209.	Baldewin (Balduin).
1214.	Heinrich I.
1215.	Rudolf.
1230.	Heinrich II.
1244.	Albrecht.
1258.	Johannes I.
1273.	Heinrich III.
1284.	Johann.
1297.	Heinrich IV.
1299.	Johann II. (v. Belitz).
1317.	Johann III. (v. Hartstorp).
1310.	Dietrich (Theodericus, Theodor).
1322.	Johann IV.
1335.	Hermann (v. Prißwalk).
1352.	Johann V. (v. Spandow.
1355.	Jacob.
1367.	Johann VI.
1376.	Heinrich V.
1386.	Michael.
1399.	Heinrich VI. (Stich).

1431. Johann VII.

1433. Ludolph.

1437. Johann VIII.

1446. Nicolaus (Spiegelhagen).

1456. Arnold oder Arndt (Vandages).

1468. Gallus.

1480. Peter.

1509—1542. Valentin.

In Dr. M. W. Heffter's Geschichte des Klosters Lehnin (1851), S. 60 ist zwar um 1248 ein Abt Hermann aufgeführt; dies scheint aber ein Irrthum gewesen zu sein; denn in den „Märkischen Forschungen" (1857), Bd. 5, S. 17—46, wo derselbe Verfasser Berichtigungen und Ergänzungen zu seiner Geschichte des Klosters niedergelegt hat, erklärt er (S. 28·29) auf Grund der gefundenen Urkunden, daß von 1180 bis 1322 kein Abt Hermann konstatirt sei; erst alsdann folge der Abt Hermann v. Pritzwalk. Ebenso Ph. W. Gercken, Codex diplomat. Brandenb. und Val. Heinr. Schmidt, 1820, S. 15, nach Buchholz, Küster, Lenz und Ludwig (Reliquiae MSt. Diplom.).

XI.
Aeußere Kennzeichen der Unechtheit.

———

Das sogen. Vaticinium fratris Hermanni monachi Lehninensis, welches nach Meinhold im Jahr 1234, nach Andern 1270 verfaßt sein soll, kann entstanden sein:

1) nicht vor 1272; denn im V. 17 und V. 98 desselben wird das Kloster Chorin, ein Filiale von Lehnin erwähnt; dieses erhielt aber erst 1272 den Namen Chorin; vorher hieß es Stagnum B. Mariae (Mariensee);

2) nicht vor 1320; denn in den V. 10—12 versetzt sich der Dichter bei Abfassung des Gedichtes in die Zeit unmittelbar („absque mora") vor dem Aussterben des Askanischen Stammes, welcher 1320 erlosch;

3) nicht vor 1330; denn erst um diese Zeit gelangte das Kloster Lehnin, welches bis dahin mit seinen Nachbarn, den Wenden, viel zu kämpfen hatte, zu der Blüthe, welche in den V. 3—5 geschildert ist;

4) nicht vor 1525; denn im V. 63 kommt der Name „Jehova" vor. Diese Aussprache des bloß in den Consonanten יהוה vorhandenen Namens (der von den Juden nur Adonai gelesen, in der Vulgata

stets mit Dominus übersetzt worden) kam erst mit der Reformation in Gebrauch. Früher aber findet sich davon keine Spur. (In neuerer Zeit liest man Jaho oder Jahve*);

5) nicht vor 1551; denn B. 43 bezieht sich auf die falsche Sage von der Zusammenkunft des damals erst 19jährigen Kurfürsten Johann Cicero 1474 zu Mochbern bei Breslau mit den drei um Schlesien streitenden Königen Matthias von Ungarn, Kasimir IV. von Polen und Wladislaw von Böhmen. Johann befand sich zu dieser Zeit in Pommern. Die Sage gründet sich auf eine Erzählung Philipp Melanchthon's in dessen Declamationes selectae, T. III, welche erst 1551 in Basel er- schienen sind (s. O. Wolff, 1850, S. 66—74); im Jahre 1542 aber war das Kloster Lehnin aufgehoben worden.

6) nicht vor 1600, weil im 14. und 15. Jahrhundert kein Brandenburgischer Dichter und am allerwenigsten ein Lehnin'scher Mönch bekannt ist, der so gewandt in der lateinischen Versifikation und so be- kannt mit den römischen Classikern gewesen wäre, wie der angebliche Bruder Hermann. In der Kloster-Bibliothek befand sich, außer Seneca, kein einziger Classiker, kein Redner, kein Geschichtschreiber, kein Dichter; das Vaticinium aber enthält, wie Friedemann (1847) s. unten III. a. a. O. S. 161 nachgewiesen, eine Reihe von Reminiscenzen aus Virgil, Ovid, Lucrez, Horaz, Lucan, Valer. Flaccus, Silius Italicus u. A., selbst Manilius; es zeigt ferner große Gewandtheit im Ausdruck wie in der Grammatik, kurz große Gelehrsamkeit. (Vgl. auch unten im 3. Theil Henriquez, 1631.) Echte leoninische Verse aus dem 14. oder 15. Jahrhundert fanden sich im Kloster Lehnin auf gemalten Tafeln:

„Anno milleno   centeno bis minus uno
Sub Patre Roberto   coepit Cistertius ordo.
Annus millenus   centenus et octagenus
Quando fuit Christi,   Lenyn, fundata fuisti;
Sub Patre Sebaldo   te Marchio condidit Otto
Brandenburgensis,   Aprilis prima die mensis.
Hic jacet ille bonus   Marchianus Otto patronus
Hujus ecclesiae.   Sit precor in requie.
Hic jacet et occisus   prior Abbas, cui paradisus
Jure patet. slavica   quem stravit gens inimica".

---

*) nach Philo Byblios, Makrobius, Eusebius, Theodoretus, Clemens Alexan- drinus, Hieronymus und den Abraxas-Gemmen (cfr. Sanchoniathonis fragmenta, ed. J. C. Orellius. Lips. 1826, pag. 3, 4), Gesenius (thesaur. linguae hebr. II, p. 577) und Ewald (Gesch. des Volkes Israel vor Christus). S. auch Guhrauer, a. a. O. S. 174/175.

Diese holperigen, wenig metrischen, dabei geistlosen Verse halten mit
denen des Vaticinium wahrlich keinen Vergleich aus; der Verfasser des
letztern hat sie übrigens nachgeahmt. Man vergl. damit auch den später
eingeschobenen Vers 67a bei den Varianten (S. 6, unten).

7) Endlich nicht vor 1682; denn in diesem Jahre erschien
Rentsch's Brandenburgischer Cedernhain, ein Buch, welches der Verfasser
des Vaticinium mehrfach benutzt hat (s. b.). Auch hatte der große
Kurfürst erst nach der 1681 erfolgten Huldigung den Titel eines Herzogs
von Magdeburg (s. V. 72) angenommen.

XII.
Allmälige Verbreitung des Vaticinium.

Die sogenannte Lehnin'sche Weissagung ist, wie durch die bisherigen
Forschungen gelehrter Kritiker als festgestellt zu betrachten ist, in den
letzten Jahren des großen Kurfürsten († 1688) verfaßt worden.

1) Der Recensent der Weiß'schen Schrift im „Neuen Bücherssaal der
schönen Wissenschaften und freien Künste" (1746) — Gottsched —
spricht von einem vornehmen Minister, dessen Vater die Weissagung noch
unter dem großen Kurfürsten aus Berlin nach Hause mitgebracht habe
(nach Sachsen?).

2) Die älteste Spur (in der 1. Göttinger Handschrift) weist auf
Brandenburg (in der Nähe des Klosters Lehnin) hin; doch war

3) der Hauptverbreitungsort Berlin, wo das Vaticinium in vor=
nehmen (ja vielleicht den höchsten) Kreisen circulirte und vor 1693 dem
kurfürstlichen Leibarzte Martin Weise und dem Kammergerichtsrath
Mart. Friedr. Seidel (beide gest. 1693) bekannt war. Letzterer schrieb
dazu Anmerkungen und Correcturen.

4) Im Jahre 1697 zeigte Joachim Schönhausen, ein in Berlin
lebender Sammler von geschichtlichen Curiositäten und Notizenkrämer
nicht ohne literarische Eitelkeit, der kurz vorher eine Reise nach Erfurt
und Prag gemacht hatte, dem Bibliothekar an der Königl. Bibliothek
Maturin Veyssière de la Croze (einem reformirt gewordenen Benediktiner
† 1739), eine (auf Täuschung gefertigte) Handschrift, „welche diesem
über 50 Jahre alt zu sein schien".

5) Im Jahre 1705 war das Vaticinium unter den Schülern des
Joachimsthal'schen Gymnasiums zu Berlin in Abschriften verbreitet,
welche aus dem Weise'schen und dem Seidel'schen Hause kamen.

6) Eine dieser Abschriften scheint nach Ruppin gekommen zu sein, dem Geburtsort A. Fromm's, und erhielt dort von derselben Hand folgende Verse:
„Hae nugae somnique sunt scripta a Frohmo inique.
De log un de drohme het schreven de Andreas Frohme".
Diese Handschrift „von 1700" sah O. Wolff (s. unten III. 1850, S. 89) im J. 1812 bei Dr. Aug. Zeune in Berlin.

7) Im Jahre 1708 schrieb Chr. W. Oelven in seiner Monat=schrift: „Curieuse Praesenten" ein Anagramm auf die Geburt eines Sohnes des Kronprinzen, worin er ihm die Kaiserkrone voraussagte:
„Fili! Caesar eris dux purpureusque".
und die deutsche Nation zur That aufforderte, damit „das 200jährige Vaticinium in Erfüllung gehe". Damit drang die erste Erwähnung der Weissagung in die Oeffentlichkeit.

8) Im Jahre 1711 war die Weissagung in der Königl. Ritter=akademie zu Berlin bekannt, deren Director Nathanael v. Stapf am Montag den 7. April 1711 dem Chronologen und französischen Prediger Alphons des Vignoles eine Abschrift mittheilte, welcher bis zum Montag den 4. Mai historische Erläuterungen dazu schrieb. Ebenda lernten sie kennen: Georg Peter Schulz, Professor an der Ritterakademie, später Professor in Thorn und Herausgeber des „Gelahrten Preußen"; ferner Joh. Chr. Beckmann († 1717), ebenfalls Professor an der Ritterakademie, später Professor in Frankfurt a. O., welcher eine Ueber=setzung derselben in Versen schrieb, sowie auch Benjamin Neukirch († 1739), ebenfalls Professor an der Ritterakademie, welchem Gottscheb gleichfalls Erläuterungen zuschreibt.

9) Im Jahre 1718 wurde eine revidirte und corrigirte Abschrift des Vaticinium aus dem Nachlasse Mart. Friedr. Seidel's mit der Bibliothek seines Sohnes Andr. Erasm. v. Seidel in Berlin öffentlich versteigert. Sie befindet sich jetzt in der Königl. Bibliothek daselbst.

10) Im Jahre 1721 wurden zuerst Bruchstücke daraus gedruckt, nämlich in dem Schulprogramm des Rectors Tschorn in Lübben (damals sächsisch!) und in des Prof. Polycarp Leyser in Helmstedt „Historia poëtarum medii aevi".

11) Im Jahre 1723 erschien die Weissagung vollständig, nur mit vorsichtiger Auslassung von 4 Versen in Georg Peter Schulz', „Ge=lahrtem Preußen".

12) Im Jahre 1736 im Herbst wurde das Vaticinium Friedrich dem Großen als Kronprinz bekannt, der es sich von Karl Friedrich v. Nazmer erklären ließ und aus W. 85 den Schluß zog, daß er nicht König werden, sondern vorher sterben werde.

Von nun an war das Gedicht publici dominii geworden; es folgten die Publikationen im „Preuß. Wahrsager" (1741), im „Europ. Staatswahrsager (1741), ferner die Bücher von Henkel (1745) und Weiß (1746).

XIII.

Muthmaßliche Urheber des Vaticinium.

Auf folgende Personen ist die Vermuthung gefallen, die sogenannte Lehnin'sche Weissagung verfaßt zu haben:

1) **Martin Friedrich Seibel** (von Seibel, Seydel, Seibell?) († 16. März 1693 als Kammergerichtsrath in Berlin). Er stammte aus einer gut lutherischen, dem Herrscherhause treu ergebenen Familie; sein Vater, Erasmus Seibel, war Rath unter dem großen Kurfürsten und ward von diesem 1651 in den Verhandlungen wegen der Jülich'-schen Erbschaftssache gebraucht. Auch Martin Friedrich gilt allgemein als von denselben Gesinnungen beseelt. Im Jahr 1668 wurde er vom großen Kurfürsten entlassen, weil er einen Revers, der zur Verträg-lichkeit zwischen Lutherischen und Reformirten verpflichten sollte, nicht unterschreiben wollte. Er trat nun in schwedisch=pommersche Dienste, wurde aber 1675 wieder nach Berlin in's Kammergericht zurückberufen. Gewiß ist, daß der Text des Vaticinium sich unter den Ersten in seinen Händen befand und dann von seinem Hause aus verbreitet wurde, des=gleichen, daß er Anmerkungen dazu geschrieben hat; ebenso rührt die Note zu V. 95: „Papa Romanus" in dem Manuscripte der Königl. Bibliothek in Berlin (s. oben am Schluß des Textes des Vaticinium, S. 8) von ihm her; endlich giebt es Handschriften mit Correcturen von seiner Hand, insbesondere diejenige, welche nach dem Tode seines Sohnes 1718 in der Auction versteigert wurde. Giesebrecht (1846) hat ihn indessen gegen den deshalb mehrfach auf ihn geworfenen Verdacht, selbst der Verfasser des Vaticinium zu sein, entschieden und mit Glück ver-theidigt.

2) Licentiat **Andreas Fromm**, geboren von lutherischen Eltern 1615 zu Ruppin in der Mark, † 1685 als römisch=katholischer Canoni-cus zu Leitmeritz in Böhmen. Er studirte zu Wittenberg und Greifs-wald, ward 1647 Professor am Gymnasium zu Stettin, 1654 Propst an der St. Petri=Kirche in Berlin. Hier machte er sich sofort durch

excentrische Meinungen und Agitationen auffällig, so daß der große Kurfürst ihm schon am 11. Mai 1654 durch ein Rescript verbot, theo= logische Disputationen zu halten und ohne Censur etwas drucken zu lassen. Daburch in seinem Ehrgeiz gekränkt, neigte er sich von nun an mehr und mehr den synkretistischen Ansichten des Professor Georg Calixt in Helmstedt zu. Eine Vereinigung zwischen den Lutherischen und Reformirten, die er mit anderen Theologen im Auftrage des kur= fürstlichen Consistorium versuchte, scheiterte an den lutherischen Zeloten, die besonders von Wittenberg aus hetzten; er wandte sich daher mit Eifer zu dem von Calixt angeregten Gedanken einer Union zwischen Lutheranern und Katholiken. Da er die Reformirten als das Haupt= hinderniß einer solchen Vereinigung ansah, so redete und schrieb er auf's heftigste gegen diese, griff dabei das Consistorium und den Kurfürsten selbst öffentlich an und entfloh nach einer derartigen fulminanten Predigt 1666 mit Frau und Kindern aus Berlin, zuerst nach Wittenberg, wo man ihn als vermeintlich verfolgten Lutheraner zwar aufnahm, aber doch, wegen seiner früheren Unionsbemühungen mißtrauisch, ihn die Concordienformel unterschreiben ließ, gegen die er mit den stärksten Aus= brücken geeifert hatte. So in Widerspruch mit seinen eigenen Ueber= zeugungen gebracht und in innerer Verzweiflung pflegte er von Witten= berg aus lebhaften Briefwechsel mit den Jesuiten in Erfurt und Prag, und ging endlich 1668 mit seiner Familie selbst nach Prag, wo er sogleich zur römischen Kirche übertrat, sich von seiner Familie trennte und ein Dekanat in Prag, später ein Canonicat in Leitmeritz erhielt, wo er 1685 starb. Otto Schulz (1846), S. 8—11 und Otto Wolff (1850), S. 88—105 haben besonders ausführlich die Ansicht begründet, daß Andr. Fromm und nur er die Eigenschaften in sich vereinigte, die den Ver= fasser des Vaticinium auszeichnen. Ihnen ist neuerdings insbesondere Hilgenfeld (1875), S. 117—119 gefolgt. In der That sind die von Beiden angeführten Umstände so überzeugend, daß auch der Herausgeber dieses nach genauer Prüfung und Erwägung aller hierbei in Betracht kommenden Momente, sowie nach Vergleichung der für die Andern angeführten Muthmaßungen, in der Persönlichkeit dieses ebenso gelehrten wie verbissenen Jesuitenschülers und Convertiten Fromm mit größter Wahrscheinlichkeit (und von mehr kann in dieser Sache heute kaum die Rede sein) den Verfasser des Vaticinium erkennen muß. Die Weissagung wäre hiernach um 1683—1685 in Böhmen verfaßt und wahrscheinlich durch die Jesuiten von Erfurt aus nach Brandenburg und Berlin geschmuggelt, vielleicht auch dem mit Fromm befreundeten

3*

Kammergerichtsrath M. Fr. Seibel in Berlin direct (ober burch Joach. Schönhausen?) mitgetheilt worden.

3) **Nicolaus v. Zizwiz** (wie er sich selbst, nicht: Zizwitz, wie Giesler, und nicht Zizewitz, wie Meinhold schreibt), geb. 1634 in einer lutherischen Familie auf dem Gute Baßwitz in Hinterpommern, † 1704 als römisch-katholischer Abt der Benediktiner-Klöster Huysburg und Minden. Er besuchte in seiner Jugend die Schulen in Stolpe und Stettin, die Universitäten Greifswald und Helmstedt; auf der letztern wurde er, in Folge des Einflusses von Georg Calixt, der römischen Kirche geneigt, trat dann in Köln förmlich zu derselben über, wurde 1656 Benedictiner-Mönch in der Abtei Werden, Cellerarius (Verwalter), dann Prior in Corvey, dann Coadjutor und endlich Abt in Huysburg und Mitglied der Coesfelder Congregation, auch 1675 Präsident der provisorischen Regierung von Bremen und Verden. Er war durch Wort und Schrift thätig für die Wiedervereinigung der Protestanten mit der römischen Kirche im Calixtinischen Sinne, sonst aber ein ruhiger und mäßig gesinnter Mann, dem namentlich ein so bitterer Haß gegen die Hohenzollern so wenig als eine besondere Anhänglichkeit an die Mark Brandenburg nachgewiesen werden kann. — Giesler (1849), S. 46 bis 62 hat, gestützt auf die Autorität eines notorischen Lügners und Urkundenfälschers, des Professor Harenberg in Braunschweig († 1774) den Abt von Zizwiz mit Gewißheit als Verfasser der Weissagung und zwar schon auf dem Titel seiner Schrift proklamirt, aber viele Widerleger gefunden, und Niemand ist bis jetzt zu seiner Meinung getreten.

4) **Christoph Heinrich Oelven** (nicht v. Oelven), geboren um 1665 in Berlin als Sohn eines churfürstlichen Beamten, † um 1725. Er wurde zum Militärdienst erzogen, war aber stets den literarischen Studien mehr zugeneigt als den Waffen: 1684 besuchte er Frankreich und Paris, machte 1688 den Reichsfeldzug in den Niederlanden bei den brandenburgischen Truppen mit und war 1692 in Garnison zu Brüssel. Im Jahre 1704 nahm er als Rittmeister seinen Abschied, nachdem er wegen seiner Kenntniß der vaterländischen Geschichte zum Mitglied der 1700 gegründeten Societät der Wissenschaften in Berlin (ohne Gehalt) ernannt worden war. Im Jahre 1705 wurde er in Folge einer schweren Krankheit gelähmt und mußte von nun an auf Krücken gehen. In diesem Zustande der Gebrechlichkeit und der Entbehrungeu trieb er Schriftstellerei, schrieb Gedichte und Prophezeiungen in lateinischer, deutscher und französischer Sprache, die ihm aber wegen ihrer Ueberschwänglichkeit nur Spott eintrugen. So verkündete er in seiner Monatschrift: „Curieuse Präsenten" (s. u. 1746) dem 1708 gebornen

(aber bald darauf wieder gestorbenen) Sohn des Kronprinzen die deutsche
Kaiserkrone. Ebenso verfaßte er Chronosticha, Anagramme (z. B.
Berolinum = Lumen orbi), gefiel sich in Paradoxen, in räthselhaften und
wunderbaren Dingen, glaubte an Wahrsagerei; in Folge seiner Nothlage
war er sehr reizbar und heftig und in allerlei literarische Polemik verwickelt, die ihm viele Feinde machte; auch haßte er die eingewanderten
Franzosen, war aber stets Patriot und Protestant: von einer Hinneigung
zum Katholicismus findet sich in seinem Leben und seinen Schriften keine
Spur, eher das Gegentheil. Nach 1710 verfiel er in Wahnsinn und
verschwindet von da ab aus der Oeffentlichkeit. Er starb verbittert und
in großer Armuth. Giesebrecht (1846, a. a. O. S. 447 ff.) wollte
ihn als Verfasser der Lehnin'schen Weissagung „fast bis zur Gewißheit"
wahrscheinlich machen, ist aber namentlich von Guhrauer (S. 101 ff.)
kritisch widerlegt worden.

5) Pater Friedrich Wolff, Jesuit, geboren 1643 zu Dünaburg
in Livland, † 1708 zu Breslau, als Kanzler der dortigen Universität.
Er hatte seine Jugend am Hofe des Königs Johann Kasimir v. Polen
verlebt und war schon 1659, erst 16 Jahre alt, Jesuit geworden. Dann
lehrte er eine Zeitlang als Professor der Theologie in Prag. Später
gelangte er zu einer äußerst einflußreichen Stellung am kaiserlichen Hofe
zu Wien. Kaiser Leopold ließ sich fast ganz von ihm leiten; es geschah nichts Wichtiges, wobei er nicht seine Hand im Spiele gehabt.
Auch wurde er häufig zu wichtigen Missionen gebraucht und verlebte
so 1685 ein Jahr als kaiserlicher Gesandtschaftsprediger in Berlin, wo
unter seiner Mitwirkung das 20jährige Bündniß mit Oesterreich geplant
und abgeschlossen wurde. Auch war es dieser Pater Wolff, der später,
1697 u. ff. am kaiserlichen Hofe die Anerkennung der preußischen
Königswürde vermittelte. Obgleich seit 1687 Rector des Jesuiten-
Collegiums zu Breslau, lebte er doch meist in Wien, mit politischen
und kirchlichen Händeln aller Art beschäftigt. Im Jahre 1702 setzte er
die Gründung der Leopoldinischen Universität zu Breslau durch, welche
die Katholisirung Schlesiens herbeiführen sollte; ihr widmete er die
letzten Jahre seines Lebens bis 1708 als Kanzler und generalis atque
supremus studiorum praefectus. — Diesem vielbeschäftigten Manne
will Guhrauer auch noch die Autorschaft des Vaticinium Lehninense
aufhalsen, hat aber wenig Beifall gefunden. S. Guhrauer (1846)
S. 127—135.

XIV.

Zusammenstellung der muthmaßlichen Urheber,

der Anhänger der verschiedenen Meinungen und der Abfassungszeit.

1) **Martin Friedrich Seidel** († 1693),
  nach Weiß (1746), — um 1686.
  nach Gottsched (1746), — in den letzten Jahren des Großen Kurfürsten.
  nach Küster (1759), — um 1648—1657.
  nach Wilken (1820), — nicht vor dem Jahr 1674.
  nach Heffter (1851), — 1691 oder 1692.

2) **Andreas Fromm** († 1685),
  nach Buchholtz (1765), — vor 1685.
  nach Steinhart (1800).
  nach B. H. Schmidt (1820), — vor 1685.
  nach Spieker (1839).
  nach O. Schulz (1846), — vor 1685.
  nach O. Wolff (1850), — 1682—85.
  nach Hilgenfeld (1874), — 1682—85.
  (Auch Henkel (1745) kann zu den Anhängern dieser Meinung
  gerechnet werden, da nach ihm nur „ein papistisch ge=
  sinnter Mönch oder Geistlicher" das Vaticinium verfaßt
  haben kann.)

3) **Nicolaus v. Zitzwitz** († 1704),
  nach Harenberg (1753).
  nach Gieseler (1849), — 1692.
  (Auch der von Gieseler S. 52—54 citirte „Geschichtsfreund"
  von 1808 wäre als Unterstützer dieser Ansicht vielleicht
  hierher zu rechnen, welcher sagt, er habe als vormaliger
  Bibliothekar einer Abtei vor etwa 30 Jahren das
  Manuscript, von der Hand eines zu seiner Zeit sehr
  geschätzten Prälaten geschrieben, aufgefunden,
  welcher einer der ersten Vorsteher der Coesfelder Congre=
  gation gewesen und in den Zeiten des großen Kurfürsten
  und des Königs Friedrich I. gelebt habe. Allein dieser
  Geschichtsfreund hält ja, als Katholik, die Weissagung
  für echt.)

4) **Chriſtoph Heinr. Oelven** († um 1725),
nach Giesebrecht (1846), — um 1695.
Auch Friebemann (1847) findet „die Gründe nicht ſofort
abzuweiſen".

5) **Pater Friedr. Wolff** († 1708),
nach Guhrauer (1850), — 1701—1705.

XV.

Andreas Fromm,

Autor Vaticinii (circa 1683).

———

Zur Begründung der Anſicht, daß **Andreas Fromm** und kein
Anderer, aller Wahrſcheinlichkeit nach, als Werkzeug der **Jeſuiten**, der
Verfaſſer des Vaticinium geweſen, diene insbeſondere Folgendes:

1) Daß der Verfaſſer ein in der Mark Brandenburg ſelbſt geborener
und daher dieſer ſeiner Heimath innerlich zugethaner Gelehrter geweſen
ſein muß, zeigen eine Reihe von Bezeichnungen in dem Gedichte ſelbſt:

V. 17: ſind die Bayerfürſten „peregrini", Fremblinge, für die
Mark und für ihn.

V. 27: „mea Marchia".

V. 32: „patriis arvis".

V. 53: „meus populus".

V. 60: Berlin iſt ihm die „Urbs" ſchlechthin, wie es ehemals
Rom den Lateinern war.

V. 77: „fratres, — matres" ſind ihm die Bewohner der Mark.

V. 96: freut er ſich der Zeit, da die Mark „suos fovere audet",
der „advena" ſich nicht mehr im Lande mäſtet.

Dieſe vaterländiſche Geſinnung, die Niemand ſo leicht abthun kann, beſonders wenn er im Auslande, unter Fremden, leben muß, geht durch
das ganze Gedicht.

2) Fromm betrachtete ſich als einen aus dem Vaterlande Verbannten,
und ſehnte ſich dahin zurück. Im Jahre 1675 richtete er ſogar an die
churfürſtliche Regierung das ſonderbare Verlangen, man ſolle ihm ge-
ſtatten, daß er nach Berlin zurückkehren, dort ſein prieſterliches Lehramt
wieder antreten, aber katholiſch predigen dürfe! Natürlich wurde er damit abgewieſen.

3) Wie alle Convertiten haßte er die Reformation und die Reformatoren ſowie die evangeliſche Kirche und ihre Anhänger auf's heftigſte;

der Gedanke, daß die Mark wieder katholisch werden müsse, erfüllte ihn
durchaus. Dieselben Gefühle und Gedanken sind in der Dichtung nieder=
gelegt. Luthers Lehre ist ihm „tristis pestis" (als ehemaliger Lutheraner
kannte er den berühmten Vers, den Luther 1546, kurz vor seinem Tode
zu Eisleben mit Kreide an die Wand geschrieben: „Pestis eram vivus,
moriens ero mors tua, Papa!" Diesen Vers dachte Fromm zu
parodiren); Luther selbst ist ihm „recens serpens", seine Lehre „tabes"
(Geifer); die Hohenzollern sind ihm besonders als Protestanten, nament=
lich Reformirte, verhaßt.

4) Daß der Verfasser Theologe gewesen sein muß, geht nicht allein
aus dem Eifer hervor, den er an der Geistlichkeit in religiösen Fragen
nimmt, sondern auch aus der Nachahmung Daniel's (der 11 Hörner des
vierten Thieres, Kap. 7) in den 11 Stemmata.

5) Daß sich in der sogenannten Weissagung nicht eine Hinweisung
auf den schrecklichen 30jährigen Krieg findet, der doch die Mark Branden=
burg so arg verheert hatte, erklärt sich nur daraus, daß Fromm nach
seinem Uebertritt zum Papismus ein Oesterreicher geworden war und in
Böhmen lebte. Dieser fürchterliche Krieg war ja von dem Jesuitenzögling,
Kaiser Ferdinand II. angefacht und 30 Jahre lang unterhalten worden.
Jesuiten hatten ihn dazu getrieben. Da durfte denn freilich der jesuitisch
gewordene Fromm kein Wort gegen die Menschenschlächtereien und die
Veröbungen des 30jährigen Krieges sagen; sie dienten ja „ad majorem
Dei gloriam."

6) Fromm war ferner ein gelehrter Mann, ein gewandter Theologe
und ein tüchtiger Lateiner. Als solcher kannte er die Geschichte Branden=
burgs ziemlich gut, die Theologie besser und die lateinische Sprache am
besten. Er schrieb unter Anderem ein Buch: „Die Wiederkehrung zur
katholischen Kirche", Prag 1668. 4°. (damals vielfach nachgedruckt),
worin er ähnliche Gesinnungen ausspricht, wie im Vaticinium. Auch
hat er eine „Officina latinitatis". Hamburgi 1651, 8. geschrieben. Ihm
ist daher die vielseitige Kenntniß der römischen Schriftsteller, die sich im
Vaticinium bekundet, wohl zuzutrauen.

7) Fromm war aber nicht bloß Gelehrter, sondern auch ein
charakterloser Mann, der der Festigkeit der Gesinnung und der Lauter=
keit des Charakters entbehrte. Er, der Lutheraner, stand in Berlin Jahre
lang mit dem reformirten Hofprediger Stosch in einer Verbindung,
die diesen glauben machte, Fromm sei im Herzen und seinen Ueber=
zeugungen nach ein Reformirter; denn Fromm hatte ihm das oft ver=
sichert und nur gemeint, „daß er aus äußeren Rücksichten sich in der
Gemeinschaft der Reformirten für jetzt noch bucken müsse" (s. D. Schulz,

S. 8); jedenfalls diente er dem hochfahrenden Stosch als ein willfähriges Werkzeug seiner Pläne, ja als ein Zuträger und Denunciant, wenn von irgend-einer lutherischen Kanzel ein scharfes Wort fiel, das als eine Uebertretung des landesherrlichen Edittes gegen Verläsierung der Religionsparteien angesehen werden konnte. Ebenso falsch und zweideutig verhielt er sich nachher gegen die Wittenberger Professoren. Solche Charaktere sind den Jesuiten stets willkommene Beute gewesen; solche Charaktere gehen von einem Extrem zum andern über; solche Charaktere sind allein im Stande, Vaticinia Lehninensia zu schreiben.

8) Fromm war ungemein ehrgeizig; er hatte gehofft, in Berlin am Hofe des großen Kurfürsten zu einer bedeutenden und einflußreichen kirchlichen Stellung heranzusteigen, wozu ihn seine Geistesgaben und seine Kenntnisse auch wohl berechtigt hätten. Das Verbot aller Polemik gegen die Reformirten von Seiten des Kurfürsten hinderte ihn; eine Zeitlang dachte er nun daran, sich den Reformirten in die Arme zu werfen und mit ihrer Hilfe zu steigen. Aber Stosch betrog hinwiederum auch ihn. Daher der Groll gegen die Reformirten und darauf die Hinneigung, die Apostase zu der römischen Kirche; aus gekränktem Ehrgeiz endlich stammte der Haß gegen seinen Fürsten und unmittelbar gegen alle Hohenzollern, wie er sich in dem Vaticinium ausspricht. Nachdem der Arm des großen Kurfürsten ihn nicht mehr erreichen konnte, ließ er seinem Aerger freien Lauf.

9) Fromm hatte von seiner früheren Stellung in Berlin her viele angesehene Bekanntschaften und hohe Verbindungeu in der Mark. So war er beispielsweise mit dem Kammergerichtsrath Mart. Friedr. Seidel befreundet, und wenn dieser auch nach dem Abfall Fromm's diesen äußersten verzweifelten Schritt beklagte, so suchte er doch den „Unglücklichen" zu vertheidigen. Ihm ein gut präparirtes Exemplar des fertigen Vaticinium von Böhmen aus in die Hände zu spielen, konnte nicht schwer sein. Auch hatten die Jesuiten, die sicherlich auf die Abfassung Einfluß hatten, von dem katholischen Vorposten Erfurt aus gewiß Gelegenheit, Exemplare nach Brandenburg und Berlin gelangen zu lassen. Subjecte, wie Joachim Schönhausen, mochten dabei als Mittelspersonen gebraucht werden, und es ist constatirt, daß der Letztere kurz vor dem Auftauchen der „Weissagung" in Berlin, eine Reise gemacht und in Böhmen wie auch in Erfurt gewesen war. Von Brandenburg aus mag es, unter dem Scheine hohen Alterthums, an den Berliner Hof und zu dem kurfürstlichen Leibarzte Martin Weise gelangt sein. —

Otto Wolff (S. 103—4) vermuthet, der Fromm'sche Text sei dem Texte der „früheren" Lehnin'schen Weissagung, von der wir durch den angeblichen Hainno Flörck wissen (s. o. 24—26), untergeschoben worden. Er nimmt diesen letzteren Text als einen wirklichen, ausgearbeiteten an und erzählt, der alte Erasmus Seidel, Vater von Mart. Friedr. Seidel, habe diesen Text besessen. „Fromm, der im Seidel'schen Hause bekannt war, habe das Document eines Tages entliehen und es, solange er in Berlin war, nicht zurückgegeben. Erasmus starb und Fromm wurde katholisch; der neue Text einer Lehnin'schen Weissagung wurde geschmiedet — etwa im letzten Lebensjahre Fromm's. Nun mag die Sache so angestellt worden sein, daß dieser Text unter dem Schein des Alterthums an Stelle des früheren nach Berlin gebracht wurde. Die Benedictiner im Peterskloster zu Erfurt, welche mit Fromm und den Jesuiten immer in Verbindung und auch in naher Beziehung zu den Protestanten und zur Mark standen, waren ganz dazu geschickt, das Machwerk an den Ort seiner Bestimmung zu liefern. Auch war der Abt dieses Erfurter Klosters zu St. Peter einer der Präsides der Coesfelder Congregation. Dieser Abt also sandte etwa um 1685—1686 dem Kammergerichtsrath Mart. Friedr. Seidel in Berlin ein gut prä=parirtes Manuscript der Fromm'schen Weissagung, indem er dabei meldete, daß es sich unter den Papieren des Fromm, der damals schon todt war, gefunden habe; weil es nun Eigenthum des Erasmus Seidel, seines Vaters gewesen, aus Vergeßlichkeit oder Nachläßigkeit bisher nicht zurückgegeben worden sei, so werde es ihm, als ein ihm zugehöriges Erbe und Eigenthum, zugestellt. M. Fr. Seidel wußte wohl, daß sein Vater eine solche Weissagung besessen hatte; da er aber den Inhalt der=selben, besonders nach mehr als 20jährigem Abhandensein, nicht kannte, so mußte er glauben, daß die so alt aussehende Handschrift wirklich dieselbe sei, welche sein Vater besessen hatte, daß er also die rechte echte Weissagung des Bruder Hermann von Lehnin wieder erlangt habe. Zwar mochte er über den gegen die Reformation und das Branden= burgische Regentenhaus gerichteten, gehässigen Inhalt erschrecken und daher das Ganze geheim halten, nur vertrauten, zuverlässigen Personen etwas mittheilend; da er aber an die Weissagung glaubte und Kenner der Geschichte der Mark genug war, um zu finden, daß bis auf seine Zeit Alles so gut zutraf, als man es damals im Allgemeinen wußte und kannte, so mußte das Werk um so größere Bedeutung für ihn haben, wodurch es dann wieder in den Augen aller Derer, denen er Abschriften davon mittheilte, einen um so höheren Werth erhielt. So trug Seidel dazu bei, von dem neuen Machwerk die Meinung zu verbreiten, daß es, um 1300 verfaßt, eine wirkliche, von einem Mönche Hermann von Lehnin geschriebene Weissagung sei" ꝛc.

So weit Wolff, der in dieser Weise eine Verbindung zwischen der

alten und jetzigen Lehnin'schen Weissagung herzustellen und eine Erklä=
rung zu geben versucht, wie Mart. Fr. Seibel, der feste Protestant
und treue Diener seines Churfürsten, dazu kam, die reformations= und
hohenzollernfeindlichen Manuscripte zu verbreiten. Die Conjectur ist
möglich, indeß ist es bloße Conjectur, die jedoch mit der Wahrschein=
lichkeit, daß Andreas Fromm das Vaticinium verfaßt hat, keinen noth=
wendigen Zusammenhang hat. War Fromm wirklich der Verfasser, so
mochte er aus seinem früheren Aufenthalte in Berlin und seiner Kennt=
niß dortiger Verhältnisse den Weg zur vorsichtigen und sichern Ver=
breitung seiner Dichtung wohl besser wissen, als wir im 19. Jahrhundert.
— Dergleichen entzieht sich von selbst aller Geschichte.

XVI.
Tabelle der Fürsten,
die in der „Weissagung" bezeichnet sind.

I. Das Ascanische Haus. (V. 8—13.)
Otto der Reiche, Stammvater; daher „Haus der Ottonen".
Albrecht der Bär (1142—1170).
Otto I. (1170—1184).
Otto II. (1184—1205).
Albrecht II. (1205—1220).
Johann I. und Otto III. (1220--1268).
Johann II., Otto IV., Conrad I. und Otto V. (1268—1309).
Waldemar (1309—1319).
Heinrich (1319—1320).

II. Das Bayerische Haus. (V. 14—17.)
Ludwig (1324—1351).
Ludwig der Römer (1351—1365).
Otto (1365—1373).

III. Das Luremburgische Haus. (V. 18—26.)
Wenzeslaus (1373—1378).
Sigismund (1378—1388).
Jobst von Mähren (1388—1411).
(Unter ihnen wurde die Mark von Statthaltern verwaltet.)

IV. Das Haus Hohenzollern.

Friedrich I., Burggraf von Nürnberg (1411—1440). (V. 27—34.)

Friedrich der Ältere, Eisenzahn, 2ter Sohn des Vorigen (1440—1470). (V. 35—38.)

Albrecht Achilles (auch Ulysses), Bruder des Vorigen (1470—1486). (V. 39—42.)

Johann Cicero, Sohn des Vorigen (1486—1499). (V. 43—45).

Joachim I. Nestor, Sohn des Vor. (1499—1535). (V. 46—49.)

Joachim II., Sohn des Vor. (1535—1571). (V. 50—54.)

Johann Georg, Sohn des Vor. (1571—1598). (V. 55—59.)

Joachim Friedrich, Sohn des Vor. (1598—1608). (V. 60—62.)

Johann Sigismund, Sohn des Vor. (1608—1619). (V. 63—67.)

Georg Wilhelm, Sohn des Vor. (1619—1640). (V. 68—71.)

Friedrich Wilhelm, der große Kurfürst, Sohn des Vor. (1640—1688). (V. 72—75.)

Friedrich III., als König I., Sohn des Vorigen (1701—1713). (V. 76—80.)

Friedrich Wilhelm I., Sohn des Vor. (1713—1740). (V. 81—84.)

Friedrich II. der Große, Sohn des Vor. (1740—1786). (V. 85—88.)

Friedrich Wilhelm II., Neffe des Vor. (1786—1797). (V. 89—92.)

Friedrich Wilhelm III., Sohn des Vorigen (1797—1840). (V. 93—100.)

Friedrich Wilhelm IV., Sohn des Vorigen (1840—1861).

Wilhelm I., Bruder des Vorigen, Deutscher Kaiser (1861—?).

XVII.
Dehnungs-Mittel,
von katholischen Schriftstellern angewandt, um das Vaticinium zu verlängern.

Mit dem Tode Friedrich Wilhelm III., als dem 11. Gliede nach V. 49, sowie nach der einfachen Zählung der deutlich angegebenen Nachfolger, war das Vaticinium abgeschlossen und abgelaufen. Da aber die prophezeiten Folgen, insbesondere der Uebertritt des Regentenhauses und des Volkes zum Katholicismus bis dahin nicht eingetroffen waren, so hatte sich das Vaticinium selbst als Täuschung entlarvt.

Dies zu verhindern, wurden nun von katholischen Autoren die

Verse von V. 49 ab auf ein Prokrustes-Bett gelegt und mit jedem derselben, der sich irgend dazu eignete, ein Streck-Verfahren angewandt.

1) Zuerst mußte V. 81 auf Friedrich den Großen bezogen werden.
Dies bewirkte man in der Art, daß man in V. 73 „sub m a g n o
principe" (unter dem großen Kurfürsten) einfach umänderte in „sub
u t r o q u e principe" (unter beiden Fürsten), so daß sich die Verse 72
bis 75 nunmehr auch auf den Nachfolger des großen Kurfürsten zu beziehen schienen. Dieser Sohn und Nachfolger war aber der e r s t e
K ö n i g von Preußen! Nun betrachte man die bedeutungslosen Verse (meist
Gemeinplätze), mit denen alsdann die beiden großen und für Preußen
so wichtigen Fürsten abgefunden würden. Die Lesart „sub utroque"
findet sich in keiner Handschrift; sie würde auch auf zwei zugleich regierende
Fürsten hindeuten. Im ganzen vorigen Jahrhundert galten allgemein
V. 72—75 als auf den großen Kurfürsten, V. 76—80 auf den König
Friedrich I., V. 81—84 auf Friedrich Wilhelm I. und V. 85—88 auf
Friedrich den Großen bezüglich (vgl. die Auslegungen in der Göttinger
Handschrift, bei des-Vignoles, Zoroaster, Henkel, Weiß ꝛc.; auch Friedrich
der Große legte sie so aus; denn er sagte: „Je ne serai pas ‚pessi-
mus‘ (V. 85); je mourrai donc" (nämlich vor der Thronbesteigung,
weil er kränklich war, so daß ein Anderer seines Vaters Nachfolger
würde und die Verse dann auf diesen gingen). — „Frater Hermann",
Leipzig 1807, und in 2. Aufl. Düsseldorf 1808, war Urheber dieser
Verschiebung. Der „Geschichtsfreund" von 1808 bezog dann gar die
sämmtlichen Verse 81—84 auf — Maria Theresia! —

2) Indeß — die vorstehende Dehnung genügte noch nicht: Bruder
Hermann hatte (nach Daniel, VII, 21—26) in seinem V. 49 das pro-
testantische Fürstenhaus Hohenzollern nur bis zum 11. Gliede („ad
undenum steinma") dauern, d. h. in Preußen regieren lassen. Von
Joachim II. ab wäre also immer wieder Friedrich Wilhelm III. der
Letzte gewesen. Da diesem aber im Jahre 1840 Friedrich Wilhelm IV.
gefolgt war, so mußte dieser wenigstens als der Elfte herausgebracht
werden. Da half Dr. M e i n h o l d, der Bernsteinhexenmeister, als
Hebamme (a. a. O. S. 170 ff.). Er schloß Joachim II. von den
Elfen aus: „Denn da Joachim noch katholisch geboren war und noch
die katholischen Sacramente erhalten hatte, welche einen „character
indelebilis" haben, da er ferner noch 4 Jahre als katholischer Fürst
regierte und erst 1539 zum lutherischen Glauben übertrat, wird er hier
noch als dem katholischen Regentenstamme angehörig betrachtet. Dies
liegt auch in dem Worte „prodire", welches, seiner etymologischen Bedeutung nach, ein Hervortreten an die Oeffentlichkeit bezeichnet! — Nach

dieser Argumentation würden auch Luther und alle Reformatoren nicht zu den Protestanten zählen! — Da auch Joachim's Sohn und Nach= folger, Johann Georg, noch katholisch getauft war, so ist fernerer Stoff für einen zweiten Meinhold zu weiterer Schiebung vorhanden.

3) Als Wilhelm I. im Jahre 1861 zur Regierung gelangte, be= durfte man einer neuen Schiebung. Diese fand man in dem Worte „stemma". Wir finden die neue Auslegung dieses Wortes, nach den Ideen der Berliner römischen Zeitung „Germania", bei Firnstein (S. 33 der 1. Aufl. (1873) und S. 43 der 3. Aufl.): „Als Stemma gilt dem Dichter jeder kommende Regent, der den Stamm durch männliche Nachkommen= schaft fortleitet. Daher kann es vorkommen, daß zwei Fürsten nur ein Stemma bilden, wie denn der Seher V. 93 von einem „ultimus stemmatis" redet, dem jedenfalls ein primus stemmatis muß voraus= gegangen sein!" — Triumph! Damit sind zwei weitere Glieder gewonnen; denn Friedrich der Große und Friedrich Wilhelm IV. hatten keine eigene männliche Nachkommenschaft; sie bildeten nach der obigen Auslegung also kein Stemma und wurden einfach übergangen, als wären sie gar nicht vorhanden gewesen, höchstens als Anhängsel be= trachtet. Natürlich stimmt damit nicht die gewöhnliche Bedeutung des Wortes stemma, Stamm, aber auch Stammesglied, Sproße, ebenso nicht die deutlich bezeichnete Anzahl der Fürsten, sowie die Intention des Dichters, der hier nach dem Propheten Daniel gearbeitet und wie dieser nur „11 Könige" gemeint hat. Man vergleiche auch die klar aus= gedrückten Uebergänge von Stemma zu Stemma im Vaticinium, V. 50, 55, 60, 63, 68, 72, 76, 81, 85, 89, 93. Nach Firnstein (S. 79 d. 3. A.) bezieht sich V. 93 des Vaticinium auf den Kaiser Wilhelm, auf den auch das Wort „sceptra" (als Kaiser und König) deutlich abzielt. Dieser ist der 11te des Stammes, mit dem der Protestantismus in Preußen zu Ende geht; der ihm folgende wird also zur katholischen Kirche übertreten. „Wenn man bedenkt, sagt Firnstein (1876) boshaft, daß die Religionsänderung bei den Brandenburger Fürsten stets aus Politik geschah, so könnte ebenso leicht eines Tages ein Friedrich katholisch werden, wenn der Katholicismus zur Vergrößerung seiner Länder (Deutsch=Oesterreich?) ihm behilflich ist!" —

Auf! ihr gescheidten Ausleger und Unterleger! es ist noch Stoff zu neuen Künsten vorhanden! Auch das „Tandem" des V. 93 läßt sich vielleicht noch in's Weite interpretiren.

XVIII.
Die 11 Stemmata des V. 49.

1. Nach dem Text des Vaticinium.	2. Nach Meinhold.	3. Nach Firnstein.
1. Joachim II.	—	1. Joachim II.
2. Johann Georg.	1. Johann Georg.	2. Johann Georg.
3. Joachim Friedrich.	2. Joachim Friedr.	3. Joachim Friedrich.
4. Joach. Sigismund.	3. Joh. Sigismund.	4. Johann Sigismund.
5. Georg Wilhelm.	4. Georg Wilhelm.	5. Georg Wilhelm.
6. Friedrich Wilhelm, d. große Kurfürst.	5. Friedr. Wilhelm.	6. Friedrich Wilhelm.
7. Friedrich III., als König I.	6. Friedrich I.	7. Friedrich I.
8. Friedr. Wilhelm I.	7. Friedr. Wilh. I.	8. { Friedr. Wilhelm I. / Friedrich II.
9. Friedrich II.	8. Friedrich II.	
10. Friedr. Wilhelm II.	9. Friedr. Wilh. II.	9. Friedr. Wilhelm II.
11. Friedr. Wilhelm III.	10. Friedr. Wilh. III.	10. { Friedr. Wilh. III. / Friedr. Wilh. IV.
—	11. Friedr. Wilh. IV.	
	—	11. Wilhelm I.

XIX.
Historische Erläuterungen des Vaticinium.

Erster oder historischer Theil: Prophetiae ex eventu.
(V. 1—75.)
1) Eingang: V. 1—7.
V. 1. cum cura bedeutet sorglich, mit Sorgfalt, nicht aber kummervoll, mit Gram, wie häufig übersetzt worden. — Nach diesem Verse sollte man glauben, es würden in dem Gedichte nur die Geschicke Lehnin's enthüllt. Das ist aber nicht der Fall; von Lehnin ist wenig die Rede und die „Weissagung" geht weit über die Aufhebung dieses Klosters (1542) hinaus.
2) Periode der Askanier: V. 8—13.
V. 8. Gründer des Klosters waren die Askanier, welche von 1134 bis 1320 in der Mark herrschten. Vom Stammvater, Otto dem Reichen, und weil sechs der Markgrafen Otto heißen, wird das Geschlecht V. 15 Haus der Ottonen genannt. Viele Glieder dieses Hauses wurden in Lehnin begraben; 2 wurden sogar Mönche daselbst.
V. 9. Der apokryphe Prophet läßt hier den Untergang des Klosters Lehnin

dem Untergang des Askanischen Hauses in der Mark auf dem Fuße folgen (vergl. auch V. 13). Erwiesenermaßen hat aber Lehnin im Gegentheil nach dem Abgang der Askanier erst seine Glanzperiode begonnen (s. Wolff, 1850, S. 31—43). Da nun der Prophet um diese Zeit gelebt haben will, so ist dieser geschichtliche Wider: spruch ein starker Beweis gegen die Echtheit.

V. 12. Markgraf Waldemar starb 1319 kinderlos; sein einziger Neffe Heinrich starb im folgenden Jahre. Mit ihm erlosch die brandenburgische Linie. Innerhalb zweier Jahre waren 19 Fürsten aus dem Askanischen Stamme dem Tode erlegen. Indessen blühten noch 4 Linien desselben fort in Sachsen und Anhalt.

3) Periode der Wittelsbacher: V. 14—18.

V. 14. Schreckliche Naturereignisse ängsteten damals die Völker: ein Komet. Heuschrecken, Erdbeben, Hungersnoth, Seuchen (der schwarze Tod); Geißelbrüder, daneben verheerende Kriege und Fehden der Fürsten und Adeligen. Kaiser Ludwig der Bayer hatte nach dem Aussterben der Askanier Brandenburg als erledigtes Reichslehen betrachtet und es seinem Sohne gegeben. Die Bayern und die ihnen folgenden Lützelburger führen Löwen im Wappen; daher „spelunca leonum" im V. 15. Ein unversöhnlicher Feind des Kaisers und der Bayernfürsten in der Mark war damals Papst Johann XXI. (oder XXII.), ein Franzose aus Cahors und in Avignon residirend (1316—34); er war ganz vom französischen Hofe abhängig, wollte Ludwig stürzen und den König von Frankreich auf den deutschen Thron bringen, stellte daher unglaublich anmaßende Forderungen an das deutsche Reich, that den Kaiser in den Bann und hetzte alle bösen Nachbarn gegen ihn auf. Ebenso gegen dessen Sohn in der Mark. Auch Papst Clemens VI. zu Avignon war ein Todfeind des Bayerischen Hauses; ließ den Markgraf von Mähren 1346 als Karl IV. zum Gegenkönig wählen, und — 1347 starb Kaiser Ludwig, wahrscheinlich vergiftet! In der Mark wurde der falsche Waldemar gegen Ludwig aufgestellt und unterstützt, so daß beinahe das ganze Land ihm zufiel. Nur die Städte Frankfurt und Brietzen (daher Treuenbrietzen genannt) und das Stift Lehnin nebst Chorin, Neuzelle ꝛc. blieben Ludwig treu. Unser Bruder Hermann, der V. 16 den falschen Waldemar einen „von echtem Blut Entsprossnen" nennt und V. 18 von „höllenhündischem Hochmuth" der Bayernfürsten spricht, kann also kein damaliger Mönch von Lehnin gewesen sein. In: dessen ist es auch möglich, daß in V. 16 der Herzog Rudolph von Sachsen: Wittenberg, der als nächster Agnat des anhaltinischen Hauses ein gegründetes Erbrecht auf die Mark hatte, aber von Kaiser Ludwig ausgeschlossen wurde, gemeint sei, und nicht der falsche Waldemar, welchen jedoch zwei Berliner Handschriften zu dieser Stelle nennen. — Der Höllenhund Cerberus hatte 3 Köpfe: — Anspielung auf die 3 Bayernfürsten. Vielleicht soll cerberus aber vielköpfig bedeuten, da damals Viele sich um die Mark stritten. Die Arglist und Tücke Karl's IV. war freilich groß und ruhte nicht, bis Markgraf Otto ihm die Mark verkaufte. „Caesaris astus" ist zu milde Bezeichnung für die wahrhaft nichtswürdigen Mittel (falsche Schwüre und dergleichen), welche Karl IV. anwandte, um das Bayerische Haus zu stürzen, das seinige zu erheben und die Mark zu erlangen.

4) Periode der Lützelburger: V. 19—26.

V. 19. Karl IV. hatte die Mark seinem noch unmündigen Sohne Wenzel ge: geben und verwaltete sie 5 Jahre lang für diesen. Nach Karl's Tode erhielt aber Wenzel Böhmen und Sigismund Brandenburg. Dieser und sein Nachfolger Jobst von Mähren residirten nicht im Lande, sondern ließen die Mark von Statt:

haltern verwalten und aussaugen. Unter ihnen kamen die Quitzow's zu Macht, und Raubritterthum, Mord und allgemeine Unsicherheit herrschten in der Mark. Gefangene mußten sich mit hohen Summen lösen (V. 26). Daß Kaiser Sigismund 1414 das Land an den Hohenzoller Burggraf Friedrich VI. von Nürnberg vergab, war die einzige und größte Wohlthat, die die Lützelburger der Mark Brandenburg erwiesen haben.

5) Periode der Hohenzollern.

Friedrich I. (V. 27—34.)

V. 27 und 28 beginnt das Gedicht gleich mit boshaften Anspielungen gegen die Hohenzollern, als wären sie auch so eine Art Raubritter gewesen; allein das Haus blühte schon seit 800 und war damals im Besitz der Fürstenthümer Anspach und Baireuth, welche mehr werth waren, als die ganze zerrüttete Mark. — Binis burgis: Burggraf von Nürnberg, — Markgraf von Brandenburg.

V. 29—34. Friedrich I. entzündete nicht die Kriegsfackel, wie hier fälschlich gesagt ist, sondern suchte sie im Gegentheil durch Unterdrückung der Raubzüge der märkischen Junker (V. 33—34) auszulöschen. Ebenso war er genöthigt, die Hussiten, die mit wildem Fanatismus in die Mark einfielen, zu bekämpfen, bemühte sich aber andererseits, auch den Forderungen der „Ketzer" Gerechtigkeit zu verschaffen, z. B. in Bezug auf den Kelch. Daß er dadurch den frommen Schafen in's Herz geschnitten, kann nur ein bigotter Katholik sagen.

Friedrich II. der Eiserne. (V. 35—38.)

V. 35—36. Der älteste Sohn Friedrich's I., Johann der Alchymist, der die Studien und ein ruhiges Leben liebte, hatte freiwillig der Nachfolge entsagt und so bestimmte der Vater in seinem Testamente von 1437 seinen zweiten kriegerisch gesinnten Sohn zum Herrn in der Mark. Derselbe führte nach einander mit Sachsen, Polen, Böhmen und Pommern Krieg. Nachdem er seinen einzigen Sohn verloren hatte und müde und kränklich geworden war, trat er die Regierung seinem Bruder Albrecht, gen. Achilles (bis jetzt Fürst von Ansbach und Baireuth) ab. Er selbst ließ sich neben seinem Bruder Johann im Cisterzienserkloster Heilsbronn, 2 Meilen von Ansbach, sein Grab (bustum) bereiten. Darauf bezieht sich V. 36. Nach der Lesart testum würde er sich auf des Vaters Testament beziehen.

Albrecht Achilles. (V. 39—42.)

V. 39. Albrecht war einer der tapfersten Fürsten und größten Helden seiner Zeit, überall gefürchtet und geachtet. Papst Pius II. (Aeneas Sylvius) bezeugt, daß er mehr Treffen mitgemacht, als Andere gehört oder gelesen. Er war die kräftigste Stütze Kaiser Friedrich's III., auch als guter Staatsmann. Kriege führte er in Polen, Schlesien, Preußen, Böhmen, Oesterreich, Ungarn, stets der Erste beim Angriff; auch bei Turnieren wurde er nie vom Pferde gestochen. Unwahr ist, daß er „vanissimus" und überhaupt eitler gewesen, als andere Fürsten seiner Zeit, z. B. Karl der Kühne von Burgund, dem er an Kühnheit nicht nachstand. Auch den Anmaßungen der Pfaffen, Päpste wie Bischöfe, trat er entschieden entgegen; ja er drohte sogar dem Papste, er werde mit einem Heere über die Alpen kommen und ihn absetzen. Mit dem Bischof von Bamberg, der das Fürstenthum Baireuth in Bann und Interdict that, hatte er arge Fehde, und schrieb seinem Landeshauptmann: „Man muß sich des Teufels mit dem heiligen Kreuze erwehren ꝛc." In einer Fehde gegen Nürnberg (mons) wäre er bei Hersbruck (pons) fast erschlagen worden, weil er, seiner Reiterei vorauseilend, 800 feindliche Reiter allein angriff, ihre Fahne erfaßte und sie, obgleich mit Wunden bedeckt, nicht fahren ließ, bis seine Reiter herbeikamen, die Feinde schlugen und ihn halbtodt nach Bruck brachten. — Daß er, obgleich im Banne, in Lehnin eine Messe habe hören wollen, die Mönche aber eine Brücke verrammelt hätten, die er habe erstürmen müssen, ist eine von katholischen Erklärern des V. 40 erfonnene Fabel. Es hat nie eine Brücke bei Lehnin gegeben; auch war Albrecht, so lange er im Banne war, nicht in der Mark, auch mit Lehnin stets im besten Vernehmen.

Johann Cicero. (V. 43—45.)

V. 43. Es ist ein, von Melanchthon 1551 in Folge irriger Nachricht verbreitetes historisches Märchen, daß Johann durch seine Beredsamkeit (per artem) die drei um Schlesien streitenden Könige von Polen, Böhmen und Ungarn 1474 zum Frieden bewogen habe. Johann führte zu dieser Zeit einen schweren Krieg mit dem wilden Herzog Boguslav X. von Pommern und konnte gar nicht nach Schlesien kommen; auch war er damals erst 19 Jahre alt, also für jene bejahrteren Könige nicht Autorität genug. Er war ein trefflicher Regent und seinen Söhnen ein gutes Vorbild. Das „Auspicium felicitatis" (V. 44) bestand aber darin, daß er das Kloster Lehnin zu seiner Begräbnißstätte wählte, also das bisherige Erbbegräbniß der Hohenzollern, Heilsbronn bei Anspach, aufgab.

Joachim I. (V. 46—49.)

V. 46. Sein Bruder war Albrecht, Kurfürst und Erzbischof von Mainz und Magdeburg, ein sehr verschwenderischer und gewaltthätiger Fürst, oberster Ablaßkrämer in Deutschland. Weil auch Joachim Kurfürst war, daher „conformi sorte beati". —

V. 47. Joachim's Gemahlin war Elisabeth, Tochter des Königs Johann von Dänemark, mit welcher er, der gern Umgang mit andern Weibern hatte, nicht gut lebte. Sie wandte sich seit 1523 der Reformation zu und flüchtete, da Joachim, ein heftiger Gegner der evangelischen Lehre, sie einkerkern lassen wollte, nach Sachsen, wo sie viel mit Luther selbst verkehrte, sogar drei Monate in seinem Hause wohnte; erst nach dessen Tode kehrte sie nach der Mark zurück, wo inzwischen Joachim I. 1535 gestorben war und ihr Sohn Joachim II. regierte, der ihr Spandau als Wittwensitz anwies. — Elisabeth, die stets ohne allen Einfluß am Hofe und im Lande gewesen war, konnte zur Ausbreitung der Reformation nichts beitragen; diese fand im Volk und der Geistlichkeit von selbst allgemeinen Anklang und ihre offizielle Einführung war so zur Nothwendigkeit geworden. „Tristis pestis" bedeutet die Reformation, „tabes" die evangelische Lehre und „serpens recens" Luther. —

V. 49. „Stemma venenum" — Giftstamm (nach Cicero, wie Otto Wolff dargethan hat); derselbe soll bis zum Elften der von Elisabeth Abstammenden dauern und dann mit dem ganzen Hause der Hohenzollern erlöschen.

Joachim II. (V. 50—54.)

V. 50. Joachim II. trat öffentlich nicht sogleich, sondern erst 1539 zur Reformation über, indem er am 1. November zu Spandau mit seinem Hofe aus den Händen des gelehrten und frommen Bischofs von Brandenburg, Mathias v. Jagow, das Abendmahl in beiderlei Gestalt empfing. Denselben Schritt hatten seine Brüder in Anspach und Baireuth, und in der Neumark schon früher gethan.

Das Kloster Lehnin wurde ebenfalls nicht sogleich, sondern erst 1542 aufge=
hoben, nachdem der letzte Abt Valentin gestorben war und die wenigen übrigen
Mönche im Kloster nicht mehr bleiben wollten. Andere Klöster und katholische
Stifter bestanden noch lange. Die Güter des Klosters wurden fiskalisch verwaltet
oder verkauft. Joachim ließ die Leichen seines Vaters und Großvaters von Lehnin
nach der von ihm neu eingerichteten Gruft im grauen Kloster zu Berlin bringen.
Atheist wird Joachim darum genannt, weil er seinem Vater auf dessen An=
bringen gelobt hatte, die katholische Religion nicht zu verlassen; auch hat er vielfach
gegen das sechste Gebot gesündigt (die „schöne Gießerin", Anna Sydow und Andere
sind bekannt genug), (cfr. J. C. C. Ölrichs. Beyträge z. Brandenburg. Geschichte,
Berl. 1761, S. 209 u. ff.); aber sein Vater, sein Oheim, der Erzbischof Albrecht
und viele Fürsten und Prälaten vor, mit und nach ihm haben ebenso gelebt.
Uebrigens war seine Gemahlin, Hedwig, Tochter Königs Sigismund von Polen, in
Folge eines schweren Falles, zur Ausübung der Ehe unfähig geworden.

Johann Georg. (V. 55—59.)

V. 55. So wenig Joachim II. „amens", ebensowenig war sein Sohn und
Nachfolger „insipiens totus". Der Vater war ein sehr staatskluger Regent; der
Sohn ein weiser, frommer und gerechter Herr und dafür so allgemein anerkannt,
daß nicht allein gelehrte Geschichtsschreiber, wie Cernitius (1628, s. u. III.) ihn
so schilderten, sondern daß Kurfürst Christian I. von Sachsen und Fürst Joachim
Ernst von Anhalt ihn zum Vormunde ihrer Kinder ernannten. — Den Juden
Lippold, Münzmeister seines Vaters, der den Staat betrogen und durch Hochmuth
sich viele Feinde gemacht hatte, ließ er rädern und alle Juden aus dem Lande
jagen. Und doch soll er nach V. 57 nicht streng genug gewesen sein! „Fromm"
wurde er genannt, weil er Theile der Bibel übersetzte und die Bilder des Sultans
und des Papstes öffentlich verbrennen ließ. Sein Vater hatte ihm 2½ Millionen
Schulden hinterlassen; er lebte sparsam; unter ihm war das Land glücklich und
wohlhabend. Darum hieß er beim Volke der beste Herr.

V. 58. Er erreichte ein hohes Alter und sah seinen Großvater, seinen Vater,
seinen Sohn, seinen Großsohn und seinen Urenkel — 5 Kurfürsten seines Geschlechts.

V. 59. Er starb 1598 im neuen Schlosse zu Berlin, welches sein Vater be=
gonnen, er vollendet hatte. In demselben Jahre raffte die Pest viele Tausend
Menschen in der Mark hin.

Joachim Friedrich. (V. 60—62.)

V. 60. Derselbe war Erzbischof von Magdeburg und bereits 52 Jahre alt,
als sein Vater starb. Er war in Berlin geboren und Cernitius (s. u., 3. Theil) sagt,
er sei der erste Kurfürst von Brandenburg, der daselbst geboren worden; dies ist
aber nicht richtig; denn auch Joachim II. war es. — Kindlinger (1807), Kiefer
(1808), und nach ihnen Wenner (1848), Morgenstern (1866) übersetzen gleichmäßig
V. 60 und 61 in folgender sinnloser Weise:
„Der Sohn fordert in einer Stadt, daß ein Sprosse dem Haufen vorge=
zogen werde;
In Hoffnung des Uebrigen und aus Furcht, läßt er hier sein Kind." (!) —
Firnstein (1875) übersetzt V. 60: „Da bewirbt sich eben sein Sohn um eine Coad=
jutorei in einer Stadt" (!)

V. 61. Joachim Friedrich heirathete trotz seiner bischöflichen Weihen (nach
1. Timoth. C. 3, V. 2: „Ein Bischof soll sein Eines Weibes Mann"); daß er

4*

mit ungerechter Härte gegen seine Kinder verfahren, ist eine Erdichtung des Pseudo-Hermann; er sorgte im Gegentheil liebevoll für seine Kinder.

V. 62. Dieser Vers soll sich nach einigen Auslegern auf die Furcht des Kurfürsten beziehen, daß sein Sohn Johann Sigismund zur reformirten Kirche übertreten werde; was später (1613, also nach 18 Jahren) doch geschehen. Andere beziehen den Vers auf die Jülich-Cleve-Berg'sche Erbschaft, indem er gefürchtet habe, daß er noch vor dem letzten Regenten dieser Länder, Johann Wilhelm, sterben werde, was auch der Fall war. Noch andere meinen, der Sinn sei, der Zerfall der Hohenzollern'schen Herrschaft in Brandenburg, welchen Joachim Friedrich durch ein Hausstatut über die Untheilbarkeit der Brandenburgischen Lande verhüten wollte, werde doch eintreten.

Johann Sigismund. (V. 63—67.)

V. 63. „Forma rerum nova", die Neugestaltung der Dinge, soll den Uebertritt des Kurfürsten zum Calvinismus bezeichnen. — Jehova, eine neue Aussprache, die erst nach der Reformation aufkam und im 13. und 14. Jahrhundert, wie überhaupt die hebräische Sprache, einem Lehniner Mönche ganz unbekannt war.

V. 64. Der Kurfürst war zwar dem Weine ergeben und jähzornig, sonst aber ein tüchtiger und kluger Fürst. Er starb, erst 47 Jahre alt.

V. 65. Nach seinem Uebertritt erließ er ein Edict, welches den lutherischen Geistlichen das Schmähen gegen die Reformirten („das Verteufeln") streng verbot. Ictus bezeichnet die Ohrfeige, welche er dem Pfalzgrafen Wolfgang Wilhelm von Neuburg zu Wesel 1613 bei einem Wortwechsel gegeben. Bereits hatten sich Beide über die Jülich'sche Erbfolge, sowie über eine Heirath zwischen dem Pfalzgrafen und der ältesten Tochter des Kurfürsten geeinigt, als der unbesonnene Schlag Alles vernichtete. Der Pfalzgraf warf sich der katholischen Liga in die Arme, heirathete die Schwester des Kurfürsten von Bayern und wurde selbst katholisch. Von ihm stammt das jetzige Königshaus in Bayern ab.

V. 66 u. 67. Pseudo-Hermann glaubte, daß der gesteigerte Haß der Lutheraner gegen die Reformirten die Ersteren geneigter machen werde, katholisch zu werden, hat sich aber auch hierin geirrt.

Georg Wilhelm. (V. 68—71.)

V. 68 u. 69. Verschiedene Uebersetzungen: Weiß: „Dem Vater folgt der Sohn als Kurfürst in der Mark, der mit Verstand regiert und wenig ungerochen läßt". Kiefer (Düsseld. 1808): „Er läßt Viele nach ihrem Sinne leben; doch folgt die Strafe". Gieseler: „Nach dem Vater ist der Sohn Fürst der Mark. Alle läßt er nach ihrem Sinne ungestraft leben". Guhrauer: „Nicht Viele läßt er zc." Wolff: „Der nach dem Vater Geborne ist Fürst der Markgrafschaft; Wenige läßt er zc." Hilgenfeld: „Dem Vater steht der Sohn als Fürst der Mark nach an Geist, welcher Viele ungestraft leben läßt".

Georg Wilhelm war ein unbedeutender und schwacher Fürst, der im 30jährigen Kriege zwischen Gustav Adolf und dem Habsburgischen Kaiserhause hin und herschwankte. Die Mark wurde so von beiden Heeren verwüstet.

V. 71. Mit den Worten: „servus protervus" ist der kurfürstliche Minister Graf Adam v. Schwarzenberg gemeint. Pseudo-Hermann benutzt hier die bisher allgemeine Meinung, wonach dieser Minister im Solde des österreichischen Hofes gestanden und überall diesem zu nutzen gesucht habe. Cosmar (1828) hat ihn aber

völlig gerechtfertigt und ihn als treuen Diener seines Herrn dargestellt. Ob-
schon Katholik, arbeitete er den Absichten der Jesuiten überall entgegen und zog
sich dadurch ihren Haß zu. So erklärt sich denn auch der boshafte Ausfall des
fanatischen Pseudo-Hermann gegen den Minister gerade zu seinen Gunsten (cfr.
Guhrauer (1850), S. 123—127).
Georg Wilhelm starb 1. Decbr. 1640; Schwarzenberg 4. März 1641.

Friedrich Wilhelm, der große Kurfürst. (B. 72—75.)

V. 72. Die Hohenzollern nannten sich von der Burg Nürnberg Burggrafen,
von Brandenburg Markgrafen und seit 1681 von Magdeburg, welches seit 1680
dem großen Kurfürsten zugefallen war, Herzöge. — Pseudo-Hermann, der unter
diesem Fürsten lebte, konnte die allgemein anerkannte Größe desselben nicht antasten,
aber er meint hämisch: Das Alles werde zu nichts helfen, werde keinen Bestand
haben; den großen Kurfürsten würden seine Schöpfungen nicht überleben, da die
Klugheit mit ihm schlafen gehen werde. Der große Kurfürst hatte außer Magdeburg noch Hinterpommern, die Bisthümer Cammin, Halberstadt und Minden, die
Herrschaften Lauenburg und Bütow, die Grafschaft Hohenstein ꝛc. erworben; auch
wurde er durch den Frieden zu Wehlau 1657 souveräner Herzog von Preußen. Er
hinterließ seinem Nachfolger ein beinahe um die Hälfte vergrößertes Land, ein vor-
treffliches Heer und einen Schatz von 56,000 Thalern. Er war der Kurfürsten
größter und der Gründer der preußischen Macht.

Zweiter Theil: Zukunfts-Phantasien.
(B. 76—100.)

Friedrich, als Kurfürst III., als König I. (B. 76—80.)

V. 76. Pseudo-Hermann, der unter dem großen Kurfürsten lebte, kannte wol
noch dessen Thronfolger; er konnte aus dessen Charakter schließen, daß er nicht in
die Fußtapfen seines großen Vaters treten werde, äußert also hier Vermuthungen.
Aber sicher hat er die Regierung dieses Fürsten nicht erlebt; denn sonst hätte er
gewiß nicht tadelnd erwähnt, daß dieser ganz den Interessen des österreichischen
Hofes sich ergab und dadurch das Gegentheil von seinem Vater that. Er führte
Oesterreichs Kriege gegen die Franzosen und Türken mit eigenen großen Opfern an
Geld und Menschen; auch führte er einen sehr verschwenderischen Hofstaat, nachdem
er sich zum Könige von Preußen gemacht hatte, was der gute Hermann nicht ahnte.

V. 77. Er vermehrte sein Heer bis auf 40,000 Mann. Dazu waren gewalt-
same Werbungen nöthig, und die Steuern mußten erhöht werden. Auch die Klöster
mußten beitragen und litten auch sonst noch unter beschränkenden Verordnungen
von 1691 und 1692. Daher: Betet ihr Brüder, weinet ihr Mütter! —

V. 78. Wie oben bei dem ersten Hohenzoller, V. 29, so täuscht auch hier der
Name Friedrich, da während seiner Regierung viele Kriege geführt wurden.

V. 79. Wegen der zahlreichen Einwanderungen der Reformirten aus Holland,
der Pfalz, der Schweiz und Frankreich, die schon unter dem großen Kurfürsten begonnen hatten, sollen die alten märkischen Landwirthe verdrängt werden, was aber
nicht der Fall war; daher der Rath auszuwandern, der schon V. 53 gegeben war,
wiederholt.

V. 80. Friedrich I. war verwachsen und schwächlich; daher vermuthete Pseudo-
Hermann seinen frühen Tod. Seit 1709 wurde er immer hinfälliger; er starb

1713, nachdem er doch 15 Jahre als Kurfürst und 12 Jahre als König regiert hatte. Vom Königthum weiß der sog. Prophet gar nichts.

Friedrich Wilhelm I. (V. 81—84.)

Da die Phantasien Pseudo-Hermann's von nun an gar nicht mehr zutreffen, haben katholische Ausleger durch Dehnungen und Vertauschungen der Verse, durch Aenderungen der Worte und dergleichen Mittel die sogenannte Weissagung den That= sachen anzupassen gesucht. Obige Verse paßten z. B. gar nicht auf Friedrich Wilhelm I. Man bezog daher in neuerer Zeit nur V. 74 und 75 auf Friedrich I., V. 76—80 auf Friedrich Wilhelm I. und V. 81—84 auf Friedrich den Großen. Allein das heißt den Text mißhandeln. Gewiß ist, daß dies erst seit 1807 mehr und mehr geschehen ist. Wir können, nach dem Vorgang Gieseler's, nur erklären, was der Trug=Prophet gemeint haben mag; darnach wollen V. 81—84 sagen: Der Nachfolger kommt jung zur Regierung. Durch die Kriege und die Verschwendung des Vor= gängers ist der Staat zerrüttet; der Jüngling will im Aerger rasch reformiren; aber es gelingt ihm nicht; auch im Krieg hat er Unglück. Die große Mutter, d. h. die katholische Kirche, hat Ursache zu seufzen. Oesterreich erhält Einfluß (flantibus austris); es entstehen neue Klöster und in ihnen muß der Fürst endlich Ruhe und Sicherheit suchen.

Nun betrachte man dagegen die Geschichte Friedrich Wilhelm's I., des sparsamen Bürgerkönigs, des Liebhabers großer Soldaten, des Vorsitzenden im Tabakscollegium, des Vaters Friedrichs des Großen!

Friedrich II., der Große. (V. 85—88.)

Der Nachfolger ist der schlechteste aller Hohenzollern, ohne geistige Kraft, ohne Glück. Er muß bei Fremden Hilfe suchen, findet aber, als Reformirter, sowol bei lutherischen als katholischen Fürsten nur Feindschaft. Er kehrt das Unterste zu Oberst, will über's Meer fliehen und kommt in den Wellen um.

Wer erkennt in dieser Weissagung die Geschichte und die Charakteristik des großen Friedrich?! Am Rande der ältesten (Göttinger) Handschrift steht bei V. 85: „Rex Fridericus II. hodie imperans".

Friedrich Wilhelm II. (V. 89—92.)

Die Lage der Dinge ist so traurig geworden, daß der Nachfolger es für ein Glück halten muß, die Regierung überhaupt antreten zu können. Er selbst blüht; aber das Volk wird weinen. Indessen wächst eine neue Macht im Stillen heran: sei es die Volksmacht, oder die katholische Kirche, die in der früher protestantischen Mark als neue Macht erscheint, und so bereiten sich wunderbare Geschicke vor.

Friedrich Wilhelm III. (V. 93—94.)

Es kommt endlich der Letzte des verhaßten Ketzerstammes der Hohenzollern. Die Katastrophe geht von den Juden aus, welche einen entsetzlichen Frevel aus= führen, — vielleicht die Ermordung des Königs? Die Folge davon ist aber günstig für die katholische Kirche: das Papstthum vereinigt mit sich die abgefallenen Protestanten, und wird einen König von Deutschland wieder krönen. Das Glück kehrt jetzt in die Mark ein; die Eingebornen werden sich desselben freuen, und nicht die eingewanderten Fremdlinge aus Holland, Frankreich, der Schweiz, Salzburg (die doch bis dahin schon über 100 Jahre in der Mark sind). Die alten Klöster, auch Lehnin und Chorin, werden wieder erstehen; der Clerus gelangt zu seiner alten

Ehre bei den katholischen Schafen, und kein Ketzer — weder ein Luther oder Zwingli noch ein Hohenzoller — wird künftig der edeln römischen Hammelherbe nachstellen. Deo soli gloria! Amen.

Ist aber in Allem benn eine Spur wirklicher Geschichte? — —

D. Wolff (1850) verwirft die Auslegung des Wortes Israel (V. 94) — Juden und liest statt audet: audit oder audiet. Der Sinn wäre bann nach ihm: Israel, b. h. nach biblischer und kirchengeschichtlicher Auffassung das Volk Gottes, also nach dem Glauben Pseudo=Hermanns das katholische Volk, vernimmt einen ruchlosen Frevel, welchen der Ultimas stemmatis begangen hat und mit dem Tobe besselben gesühnt werden muß, welchen aber nicht das Volk selbst über ihn verhängt, sondern etwa der Kaiser oder der Reichstag, und nun kehren die von ihren bisherigen Thrannen endlich erlösten Bewohner der brandenburgischen Staaten und mit ihnen alle Protestanten Deutschlands zur römisch=päpstlichen Kirche zurück und werden wieder, und zwar unmittelbar, einem deutschen Könige unterthan, der wahrscheinlich, wenn man an das „flantibus austris" im V. 84 zurückbenkt, aus Austria, Oesterreich, herstammen soll." —

Wenner (1848) hat gegen alle Handschriften und früheren Drucke statt: Israel — „Is rex" gesetzt. Der „Geschichtsfreund" von 1808 hat den V. 99 als Chronostichon geschrieben:

„et VeterI More CLerVs spLenDesCIt honore"

Dies ergiebt die Jahreszahl 1812. Zu diesem Jahre wurde also der Untergang der Hohenzollern und die dem römischen Clerus erwünschte Katastrophe erwartet. Glücklicherweise für Deutschland und für Licht und Fortschritt der Menschheit ist das Gegentheil eingetreten. Der Geist der Weltgeschichte wiederläuet nicht und versährt auch nicht sinnlos.

Diejenigen, welche seit 1807 im V. 73 „sub utroque principe" lesen, also mittelst dieser Textfälschung die beiden großen und wichtigen Fürsten, nämlich den großen Kurfürsten und den ersten König zusammen mit Gemeinplätzen in 4 wenig bedeutenden Versen abthun, beziehen freilich die V. 76—100 auf andere als die oben von uns angegebenen Könige. Sehen wir auch ihre Auslegung, jedoch mit unsern Noten an:

Friedrich Wilhelm I. (V. 76—80.)

V. 76. Er mißbilligte schon als Kronprinz die verschwenderische und nutzloserweise kriegerische Regierung seines Vaters und verabscheute bessen Günstlinge v. Kolbe und v. Wittgenstein. Sobald er zur Regierung kam, verbesserte er die innere Verwaltung und führte überall Sparsamkeit ein.

V. 77—78. Friedrich Wilhelm soll die katholischen Geistlichen verfolgt haben (?) — Indem er alle Jünglinge zwang, in den Soldatenstand zu treten, brachte er alle Mütter zum Weinen. (Aber es war ja, mit Ausnahme eines kurzen Feldzuges gegen Schweden, Friede unter seiner Regierung!) Daß er bei jeder Geburt eines Knaben den Eltern ein rothes Halsband für denselben zugeschickt habe, zum Zeichen, daß derselbe vom Tage seiner Geburt an zum Militär bestimmt sei, wie die katholischen Erklärer erzählen, ist natürlich nur ein Märchen.

V. 79. Warum gerade unter diesem Könige die alten Bewohner auswandern sollten, ist nicht klar.

V. 80. Er starb an der Wassersucht, die ihn mit den heftigsten Schmerzen innerlich zerrüttet (?) und äußerlich zu einem wahren Schreckbild entstellt haben soll.

Friedrich II. (B. 81—84.)

B. 81. Der Jüngling war Friedrich, der mit 28 Jahren zur Regierung kam; die große Gebührerin ist Maria Theresia von Oesterreich.

B. 82—83 sind ebenso unklar als unrichtig.

B. 84 ist unter „austris" — Austria, Oesterreich zu verstehen, unter „claustris" das von Friedrich bei Potsdam erbaute Lustschloß „Sanssouci"! (Vgl. aber oben B. 17.) — Oder bedeutet, wie Boost will, „claustra" das Kloster Kamenz in Schlesien, in welchem Friedrich bei einem Ueberfall der Oesterreicher unter dem Kleide eines Mönches Schutz suchte? — Aber geschah das freiwillig — „vult credere"? — Der sogen. „Geschichtsfreund" von 1808 bezieht gar B. 83 und 84 auf Maria Theresia: „Ergreift sie die Waffen, wird ihr Geschick grausam sein, und da der Südwind bläst, will sie im Kloster leben"!

Friedrich Wilhelm II. (B. 85—88.)

B. 85—86. Dieser König war zwar allerdings kein besonders löblicher Regent; die Madame Rietz (Gräfin Lichtenau), die Minister Bischofswerder und Wöllner, das Religions-Edict, die Bigamie ꝛc., sind keine leuchtenden Sterne. Allein wenn man ihn mit manchen anderen Fürsten Deutschlands vergleicht, so war er noch lange nicht der schlechteste (pessimus).

B. 87 ist ganz unklar und

B. 88 unwahr. Er starb an der Wassersucht und in Potsdam im Schlosse am See. Es ist zu lächerlich, dies als Erfüllung des B. 88 zu proklamiren!

Friedrich Wilhelm III. (B. 89—92.)

B. 89. Natus florebit: — selten hat ein Fürst mehr Unglück gehabt, als dieser Sohn Friedrich Wilhelm's II. von 1797—1812. Von dieser Zeit weiß unser Prophet nichts. — Daß er im Frieden von Luneville für seine Verluste und ebenso 1814—1815 auf dem linken Rheinufer, Entschädigungen erhielt, konnte ihm schwerlich unerwartet sein.

B. 91 u. 92. Wenn diese Verse auf Napoleon's Macht sich beziehen sollen, so versteht man nicht das Wort: videntur. Wirklichkeit ist doch kein Schein. Und nichts weniger als unvermerkt und dem Fürsten unbekannt wuchs diese Macht heran.

Friedrich Wilhelm IV. (B. 93—100.)

B. 93. Es ist äußerst schwer, diese Verse mit der wirklichen Geschichte zu vereinigen; denn dieser König war ja nicht der letzte seines Stammes. Daher hat Firnstein (1875) neue Drehungen versucht. Er bezieht nur B. 89 auf Friedrich Wilhelm III. B. 90—92 auf Friedrich Wilhelm IV. und Kaiser Wilhelm I.; so bleiben denn noch B. 93 u. ff. für weitere Nachfolger übrig!! — Darnach besteht Friedrich Wilhelm's III. Regierung nur in der Zeit von 1813 bis 1840; die vorhergegangene schwere Zeit von 1797—1812 ist unterdrückt. B. 90 zielt auf die armen traurigen Katholiken in Preußen unter Friedrich Wilhelm IV. (!!) und auf die Wallfahrt zum heiligen Rock nach Trier (!!). B. 91 geht auf die Revolutionen von 1848; sie kündigten jedoch nur die Ereignisse an, wonach die restitutio des B. 54 eintreten soll; sie waren nur die Vorbereitung dazu (darum „videntur venire"). Die „nova potentia" des B. 92 ist die Internationale der arbeitenden Klassen und des Pöbels, die Socialdemokratie der Proletarier! — nach Meinhold die Freimaurerei! — B. 93 geht denn auf Kaiser Wilhelm I. („sceptra", d. h. den kaiserlichen und den königlichen Scepter), und der ihm folgende Kaiser und König wird nach B. 95 zur katholischen Kirche übertreten, wenn er überhaupt zur Regierung gelangen will! — Der unheilvolle B. 94 bedeutet in dem Worte „Israel" den Kampf gegen Gott, d. h. natürlich wider die päpstliche Unfehlbarkeit, wider den gegen die Staatsgesetze sich auflehnenden katholischen Klerus! Der Altcatholicismus kann auch unter dem „scelus infandum" verstanden sein; er ist „morte piandum" — mit neuen Scheiterhaufen! — Welch' schöne Aussicht! —

Andere haben dieses scelus in dem unfreiwilligen Todtschlag gesehen, als der Kronprinz Friedrich Wilhelm (später III.) seinen Bruder Friedrich Ludwig erstach; — noch Andere in der Wegführung des widerspenstigen Erzbischofs Droste-Bischering von Köln nach der Festung Minden; — wieder Andere finden darin das Attentat des Bürgermeisters Tschech gegen Friedrich Wilhelm IV. und sogar die That des jungen Blind deutlich vorhergesagt, und was dergleichen Faseleien mehr sind.

Gewiß ist: Nach dem klaren Text des Vaticinium sind die 11 Stemmata mit Friedrich Wilhelm III. erloschen, und der „märkische Seher" hat sein Gift vergebens ausgespritzt. Er hat die alte Weissagung des Propheten Daniel von den 11 Hörnern des Thieres, das aus dem Meere aufsteigt, seinem Gedichte zu Grunde gelegt. Daniel verstand unter den 11 Hörnern 11 Könige, d. h. einzelne Personen. Von dem elften sagt er (Daniel VII. B. 21 ff.): „Siehe, jenes Horn machte Krieg gegen die Heiligen und wird ihnen übermächtig sein; und es wird stärker sein als die vorigen und wird 3 Könige bemüthigen. Und es wird Reden ausstoßen gegen den Erhabenen und die Heiligen des Höchsten zertreten. Und das Gericht wird sitzen, damit ihm die Macht genommen und übertragen werde und er zu Grunde gehe bis zum Ende". Nach dieser ebenfalls ziemlich unklaren Prophezeiung, die man schon auf manche stolze Könige, z. B. auf Napoleon I. bezogen hat, hat der boshafte märkische Prophet seine 11 Stemmata, also ebenfalls 11 Fürsten, dargestellt. Der Elfte wird nach einem infandum scelus untergehen. Dem großen Kurfürsten, unter welchem er lebte, gingen 5 protestantische Hohenzollern voraus; er konnte daher nur noch 5 weitere ihm folgen lassen. So löst sich die schreckliche Weissagung in eine — Nachäffung Daniel's auf, und von 2 Personen in einem Stemma, einem primus und einem ultimus stemmatis, wovon Firnstein und die sog. „Germania" faseln, kann daher gar keine Rede sein. Deutschland braucht keinen vom Papste gekrönten König, und der westphälische Bauer Jasper wird Recht behalten, welcher am Ende des vorigen Jahrhunderts prophezeite: „Das preußische Haus geht nimmer zu Grunde; es wird die Kaiserkrone von Deutschland tragen" und, setzen wir hinzu, auf Jahrhunderte hinaus tragen.

XX.
Ein abschließendes Wort.

Wie die römischen Bischöfe von den Zeiten Kaiser Constantin „des Großen" an vor keinerlei Lüge, Fälschung und Schandthat zurückschreckten und wie sie jedes Mittel benützten, um ihre Gegner zu verderben, ihre eigene Macht zu erhöhen und ihre maßlose Herrschsucht zu befriedigen, bis sie sich für heilig und in unsern Tagen gar für unfehlbar,

also gottgleich (!) erklärten, — wie sie das einfache herrliche Christenthum
zu einem neuen Heidenthum und wahren Götzendienst gefälscht, wie sie die
Grundlehren desselben, Liebe und Demuth, in das Gegentheil, in
Hoffahrt und Glaubenshaß umgewandelt haben, wovon der göttliche
Stifter nichts wußte, (— wahrlich, wäre das Christenthum nicht von
so großer Tiefe und sittlicher Cultur, es hätte unter solchen Lenkern
längst zu Grunde gehen müssen!) — wie sie und ihre Werkzeuge zu
Ludwigs des Frommen Zeit gefälschte Isidorische Dekretalen ein-
schmuggelten, die ihnen eine Macht gaben, wie sie sie bis dahin nie
besaßen, — wie sie falsche Heilige, z. B. den sog. heil. Johann von
Nepomuk, der in dieser Weise niemals existirt hat, den heil. Veit, in
welchen der heidnische Swantewit umgewandelt wurde, oder den Franz
von Arbues, der nur als großer Menschenmörder bekannt ist, cre-
irten, — und hundert andere Fälschungen mehr bis zu den heutigen
Muttergottes-Erscheinungen herab, — Alles „ad majorem Dei gloriam"!
— gerade so und nicht anders ist von den Jesuiten auch das
falsche Vaticinium eines Bruders Hermann von Lehnin, der nie gelebt
hat, geschmiedet und eingeschmuggelt worden. In ähnlicher Weise waren
ja auch schon früher die Prophezeiungen des heil. Malachias, Erzbischofs von Irland, über die Päpste untergeschoben worden. Es ist
also nichts Neues!

Viele Andere, nicht allein die Jesuiten, erkannten schon zur Zeit des
großen Kurfürsten, in den Hohenzollern, die den Geist der Zeit er-
faßt hatten, Weisheit, Kraft, Geradheit, Energie und Charakter, Eigenschaften, die zu jeder Höhe führen und die die Römlinge stets am
meisten haßten. Dieser Haß hat sie zur Fälschung jener Weissagung
geführt, zu der wahrscheinlich der Convertit Andreas Fromm, ein gelehrter aber schwacher und charakterloser Mann, die Hand bot. Diese Betrachtung und diese Vergleichungen erklären leicht die Räthsel, welche trotz aller
Kritik dem Machwerk noch ankleben und die sich auf historischem Wege
nicht lösen lassen. In dieser Rücksicht gehört die Weissagung nicht bloß
zur Kulturgeschichte des preußischen Staates, nicht bloß zur Geschichte
der Hohenzollern, sondern auch zur Geschichte der Römischen Kirche in
Deutschland. — Möge es bald dahin kommen, daß dergl. böse Machina-
tionen in unsrem Vaterlande wirkungslos bleiben! Möge das deutsche
Volk auf dem Wege der Geistesbildung bald dahin gelangen, das
schmachvolle, durchaus verweltlichte italienische Joch, das noch theilweise
auf ihm lastet, endlich ganz abzuwerfen! Dies ist der heiße Wunsch
aller Derer, die ihr Vaterland, ihr Volk und ihren großen Kaiser lieben!

Zweiter Theil.

Die Handschriften.

„Das Wahre fördert; aus der Lüge
entwickelt sich nichts; sie verwickelt nur."

„Die Geschichte ist voll von bösen Er-
folgen falscher oder schlecht verstandener
Prophezeiungen. Wir bedürfen keiner neuen
Offenbarung."   Leibniz.

Von Handschriften des Vaticinium existiren in öffentlichen Bibliotheken
folgende 17, welche alle auf Berlin als Ursprungs= resp. Verbreitungsort
leiten und alle kaum über das 18. Jahrhundert hinaus gehen. Weder in den
Regesten des Klosters Lehnin, welche Dr. M. W. Heffter (f. sub III. 1851)
sorgfältig gesammelt hat, noch in dem „Registratur=Verzeichniß" und in
dem „kurzen Verzeichniß der (mark)gräflichen Urkunden des Klosters"
von 1206—1605 in Folio, welches der preußische Minister v. Rochow
besaß und dessen Register mit kurzen Inhalts=Angaben der einzelnen
Urkunden im Nachlasse desselben sich befand; noch auch in dem noch
vorhandenen reichen Urkundenschatz des Klosters (abgedruckt im 10. Bande
des Riedel'schen „Codex diplomaticus Brandenburgensis") ist die
geringste Spur der Weissagung zu finden. Dieselbe soll (nach den ge-
wöhnlichen Angaben) um 1270 — 1300 verfaßt sein; es ist aber im
Kloster Lehnin, wo ohnehin die Gelehrsamkeit nicht weit her war, weder
ein irgend bekannt gewordener Bruder Hermann (der doch, wie z. B.
Kiefer (III. 1808) behauptet, „im Rufe der Heiligkeit" gelebt haben
soll), noch auch ein Abt dieses Namens von der Gründung des Klosters
bis circa 1330 urkundlich nachzuweisen.

Sämmtliche Handschriften, die bis heute bekannt geworden, sind
modern, — keine einzige auf Pergament, alle auf Papier, dessen Gebrauch in der Mark erst um 1400 aufgekommen ist; die Orthographie
und Schreibart ist in allen die neuere; so schreiben z. B. alle Lehnin,

während das Kloster in alten Urkunden Lhenyn, Lennyn, Lenhyn, Lenyn heißt; sie schreiben ae, wo in allen ächten Urkunden und den ersten Drucken blos e steht ꝛc., kurz, es sind Abschriften. Eine Original= handschrift, die auch nur in die Mitte des 17. Jahrhunderts reichte, ist ebensowenig als eine Abschrift aus dieser Zeit vorhanden (s. Heffter im Serapeum, 1853).

Die Manuscripte befinden sich:

I. in Berlin 6 Handschriften, und zwar:

1) im Geheimen Staatsarchive 1 aus der Regierungszeit Friedrich Wilhelm I., aus dem Nachlasse des katholischen Pfarrers Kinblinger, † 1819 in Neudorf (Rheinprovinz), im Jahr 1821 erworben. Die Handschrift führt den Titel: „Prophetia Beati Fratris Hermanni de Lehnin, Monachi Cisterciensis fama Sanctitatis defuncti de domo Brandenburgica ab anno 1200 usque ad finem Familiae, cum explicatione ex Historiis authenticis et Chronicis Brandenburgicis a quodam Catholico fideliter excepta".

Sie besteht aus 6 Blättern in 4⁰; das 7te Blatt fehlt, so daß der Text mit V. 92 endet. Derselbe ist in 22 Vaticinia getheilt (V. 1—10, 12—13, u. s. w.), und jedem Abschnitte folgen sogleich die dazu ge= hörigen lateinischen Erklärungen eines fanatischen Katholiken. Die Handschrift hat willkürliche Textänderungen, ausgelassene und versetzte Verse und von den übrigen Berliner Handschriften abweichende Varianten.

Weitläufig beschrieben ist diese Handschrift von Giesebrecht am Schlusse seiner Schrift (in Schmidt's Zeitschr. f. Gesch. VI, S. 476 ff.).

Eine ältere, früher im Geh. Staatsarchiv aufbewahrte Handschrift ist im Jahre 1796 auf Specialbefehl des Königs Friedrich Wilhelm II. an den König selbst nach Charlottenburg verabfolgt und von da nicht wieder zurückgeliefert worden, auch in neuerer Zeit auf wiederholte Nachforschungen nicht aufzufinden gewesen (s. Giesebrecht, Anhang, bei Schmidt, 1846, a. a. O. S. 470). Es dürfte dies das „Auto= graphum" aus dem Nachlasse des Kammergerichtsraths Mart. Friedr. Seidel († 1693) gewesen sein, wovon Weiß, 1746 (s. unten III) auf S. 14, Anm. spricht.

2) in der Königlichen Bibliothek 5, von welchen 1 in den Anfang des 18. Jahrhunderts reicht, und zwar, nach dem Manuscripten= Katalog der Bibliothek folgende (M. S. Boruss. folio, 230):

a) „Vaticinium B. Fratris Hermanni Monachi quondam Leh- ninensis Ordinis Cisterciensis, qui circa annum Christi 1300 floruit et in dicto Monasterio Lehninensi vixit, ex libro Msto. ex quo patet, hoc Vaticinium iam ante annos 409 consignatum fuisse".

b) Derſelbe Titel, nur mit dem Unterſchied, daß es am Ende heißt: „— —· ex libro Msto., ex quo constat, hoc Vaticinium iam ante annos 409 consignatum esse".

Beide Handſchriften beſtehen aus je einem einzelnen Bogen; die erſte iſt unvollſtändig und bricht am Ende mit V. 84 ab; die zweite iſt vollſtändig und enthält am Ende zu V. 95 die Randgloſſe von der Hand M. Fr. Seibel's: „Papa Romanus" etc. (ſ. oben I, 1. Vaticinium Lehn. a. E. S. 8.). Bei beiden ſind die einzelnen Verſe in gleicher Weiſe abgeſetzt; zwiſchen den Abſätzen ſtehen Zahlen, welche auf die Noten am Rande hinweiſen. Dieſe Noten ſind ſehr kurz und ſtimmen mit einer einzigen Ausnahme (Note 7) in beiden Hand= ſchriften völlig überein; ſo haben z. B. beide in Note 15 den falſchen Namen: Anna Dibeos, ſtatt Sydow (die „ſchöne Gießerin", Geliebte Joachim's II.). Beide beruhen daher wahrſcheinlich auf einem gemein= ſamen Original; nach Wilken (1820) iſt die erſte von der Hand Joh. Caſimir Philippi's, welcher von 1693—1735 Bibliothekar war, ge= ſchrieben, die andere von ſeiner Hand corrigirt. Wilken hält die Correcturen, welche in beiden Abſchriften ſich finden, für ſpätere Nach= beſſerungen des Verfaſſers und die Philippi'ſche Abſchrift von der eigenhändigen Handſchrift des Verfaſſers gemacht (?). Welche von beiden die frühere ſein mag, iſt nicht leicht zu entſcheiden; das Original, aus dem beide floſſen, iſt wahrſcheinlich im Jahr 1709 geſchrieben, daher die auffällige Datirung: „ante annos 409"; die beiden Abſchriften ſind ſicher erſt nach 1709 geſchrieben.

c) „Vaticinium fratris Hermanni Lehninensis. Mit einer da= zwiſchen befindlichen deutſchen Auslegung bis auf den Kurfürſten Friedrich Wilhelm den Großen", 4 Blätter. Voran im Bande geht dieſer Ab= ſchrift: „Bruder Hermann's ordinis Cisterciensis Prophezeiung, welcher gelebt hat im Kloſter Lehnin um das Jahr 1300. Aus dem Lateiniſchen überſetzt" (von J. C. Beckmann). 4°. Beide, Text und Ueberſetzung, ſind ſicher nach den vorigen beiden Abſchriften geſchrieben, circa 1728.

d) „Vaticinium B. fratris Hermanni monachi in Lehnin ex libro Msto." Cum notis. Folio, 2 Blätter. Nach Hilgenfeld iſt dies die älteſte der Berliner Handſchriften. Sie iſt am Rande verletzt und hat durch Feuchtigkeit gelitten. Die Verſe folgen einander ohne Abſatz; am Rande ſtehen Bemerkungen und Conjecturen von derſelben Hand, und von anderer Hand andere Lesarten; am Ende ſtehen die Worte: „Quoniam hoc vaticinium a Papicola scriptum, gloriae et famae hodiernae serenissimae domus nihil inde derogatur". Sie scheint eine der Abschriften aus der Ritter=Akademie zu sein; denn sie stimmt mit der Abschrift überein, welche A. des Vignoles von dem Director derselben, Nath. v. Stapf, 1711 erhalten hatte, sowie mit der, welche G. F. Schulz im „Gelahrten Preußen" hat abdrucken lassen, und welche ebenfalls daher stammte. Auch die vorige Handschrift sub c) gehört zu dieser Familie, und nach ihnen sind fast alle Abbrücke seit Schulz gemacht worden.

Von derselben Hand sind dieser Abschrift angehängt: „Bemerkungen und Auslegungen zu der Weissagung des Bruder Hermann bis zum Jahre 1619". 3 Blätter. Sie beruhen auf Angelus und Rentsch und erläutern die historischen Verhältnisse zuerst ausführlicher, dann (bei den Hohenzollern) sparsamer und reichen nur bis zu Georg Wilhelm (1619). Auch hier wird zu V. 51 der Name der Anna Sydow falsch Anna Dibios genannt.

e) „Die Weissagung Hermann's von Lehnin, mit gegenüberstehender deutscher Uebersetzung und mit Anmerkungen von anderen Händen. Dahinter folgen andere Brandenburgica". Folio. — Neuere Abschriften.

Die Berliner Handschriften sind sämmtlich beschrieben von Giese=brecht und Hilgenfeld (s. unten).

II. In Göttingen: 3, auf der Universitäts=Bibliothek.

1) eine ältere (Cod. Ms. hist. 519): „Vaticinium Lheninense de Fatis Marchionum et Electorum Brandenburgensium, cum variis exemplaribus collatum et ex optimis correctum". Der Text selbst hat folgende Ueberschrift: „Vaticinium B. Fratris Hermanni, monachi quondam Lheninensis, Ordin. Cistert., qui circa annum Chr. 1300 floruit et in dicto monasterio Lheninensi vixit, ex libro MSto. Brandenburgensi, ut annotavit B. Mart. Fried. Seidelius: ex quo constat, hoc vaticinium iam ante annos CCCC consignatum esse".

Angehängt ist a) „Bruder Hermann's, welcher in dem Märkischen Kloster Lehnin, ohnweit Brandenburg, um das Jahr 1300 gelebet, Prophezeiung über das Kurhaus Brandenburg, aus dem Latein über=setzet von D. Johann Christoph Beckmann, Professor zu Franckfurt an der Oder". Die Uebersetzung ist in 8zeiligen Jamben abgefaßt und oben sub I. von uns mitgetheilt; —

b) ein lateinischer Brief mit der Aufschrift: „Vir summe Venerabilis, Magnifice atque Excellentissime, Domine Patrone ac Praeceptor aeterno devenerande", und mit der Unterschrift: „Scr. d. VI Mart. 1741". Adressat, Schreiber und Ort sind nicht genannt;

wie Gieseler aus dem Inhalt schließt, ist der Erstere der berühmte Professor Hermann van der Hardt († 1746) und der Schreiber ist ein Märkischer Gelehrter, welcher 1705 in Berlin das Joachims= thalsche Gymnasium besuchte und von seinem etwas älteren Mitschüler Joh. Jac. Weise, Sohn und Enkel der beiden Leibärzte Weise, eine Abschrift der Weissagung erhalten hatte. Mit dem Briefe sendet er die obige Abschrift, die aus einem Brandenburger Manuscript stammen soll, an Herm. v. d. Hardt (f. unten sub III, 1741. Literae etc.).

Das ganze Manuscript mit den beiden Annexen ist am 3. October 1786 aus der nachgelassenen Bibliothek des Professors Anton Julius van der Hardt, Sohnes des erwähnten Hermann v. d. Hardt, ange= kauft worden. Am Rande ist zu dem V. 85 des Vaticinium beige= schrieben: „Rex Frideric. II. hodie imperans". Diese Handschrift ist demnach, da sie aus der Zeit um 1705 stammt, die älteste, die man kennt; der Schreiber bezeichnet sie sogar als eine von Martin Weise († 1693) eigenhändig von einem Manuscripte des Kammergerichts= raths Martin Friedr. Seidel genommene Abschrift. Die Noten dazu sollen zum Theil von M. Fr. Seidel selbst herrühren; —

2) eine Abschrift der vorigen (Cod. Mscr. hist. 519), welche nach 1786 von jener genommen ist, aber einzelne Varianten hat, z. B. V. 94: Hic ast, statt Israel.

3) „Vaticinium Monachi Hermanni ex monasterio Lehninensi, de Marchionibus Brandenburgicis". V. 5, 11, 31, 60 und 90 fehlen darin. Diese Abschrift hat eine gelehrte Hand bis V. 18 selbst geschrieben, dann durch einen Copisten, der kein Latein verstand und daher arge Fehler machte, weiter schreiben lassen und corrigirt. Ange= hängt sind: „Dilucidationes Vaticinii Fr. Hermanni", welche bis zu V. 75 (Schluß der Verse auf Friedrich III., den ersten König von Preußen, soweit man das Gedicht historisch erklären kann), gehen, dann mit einer allgemeinen Auffassung des Folgenden als einer Zeit des Untergangs schließen; worauf die Worte: „Huc usque nota Anonymi". Die Handschrift ist aus den 60er oder 70er Jahren des 18. Jahrhunderts. Es fehlt jede Notiz, woher sie gekommen.

Im Vorstehenden sind wir vornehmlich Hilgenfeld gefolgt, welcher seit Giesebrecht unter allen Erklärern allein die Handschriften eingehend berücksichtigt, auch die Varianten derselben und die der ersten Drucke mitgetheilt hat.

III. In Breslau: 1 in der Königl. und Universitäts=Bibliothek: „Vaticinium B. F. Hermanni Monachi in Lehnin. Ex libro Mscto".

Sie stammt aus der Oelrichs'schen Bibliothek und stimmt vielfach mit der Berliner Bibl. Handschrift d) überein.

IV. In Dresden: 4. Davon hat E. G. Vogel, im Serapeum 1854, S. 12—15, eine, welche auf der dortigen Königl. Bibliothek ist, beschrieben. Dieselbe steht in einem Papiercodex in Folio (H. 13), welcher nach einer darauf befindlichen Notiz aus der Bibliothek und Auction des Berliner Geh. Staats- und Kriegsraths Sweikard Wenrichs 1747 nach Dresden gekommen ist. Dieser Codex enthält auf 352 Seiten eine Sammlung von allerlei zur Kirchen- und Reformations-Geschichte der Mark Brandenburg gehörige Nachrichten und Aktenstücken aus dem 16. und 17. Jahrhundert, und ist jedenfalls im Anfange des 18. Jahrhunderts, nach dem Jahre 1711 in Berlin zusammengeschrieben; er ist durch die Hände von Des Vignoles und be La Croce († 1739) gegangen. An der Spitze des Bandes, S. 1—3, steht die Weissagung unter dem Titel: „Vaticinium | Fr. Joan. Hermanni | Monachi in Lehnin | ex libro mystico | cum notis | Alphonsi des Vignoles". Dazu am Rande des Textes einzelne andere Lesarten und die Namen der Regenten, auf welche sich die Verse beziehen sollen, wie es scheint, von der Hand A. des Vignoles selbst. Darauf folgen etliche Briefe und die Uebersetzung von Beckmann „ex literis Dom. de Stapf", endlich „Notae J. B. Becmanni" S. 1—34. Das Uebrige des Bandes gehört nicht hierher. Das Exemplar des Vaticinium ist dasselbe, wovon in der Zeitschrift für Geschichte, Bd. 6, S. 435 nach Oelrichs die Rede ist. Die 3 übrigen Dresdner Handschriften scheinen noch nicht näher beschrieben zu sein; aller Wahrscheinlichkeit nach sind sie unbedeutend.

V. In Wolfenbüttel: 1 aus Berlin stammende Abschrift vom Jahre 1740. Zu V. 81 („Mox juvenis fremit, dum magna puerpera gemit") hat sie die Anmerkung: „S. Königl. Maj. Friedrich Wilhelm. Der Anfang der königl. Regierung war mit vielen großen Veränderungen verknüpft, und kurz darauf genasen Dero Königl. Gemahlin einer Königl. Prinzessin".

VI. In Würzburg: 1 mit der Ueberschrift „Vaticinium Fr. Hermanni de Lehnin futura praesagientis domui Brandenburgicae et Abbatis Lehnin et Chorin. Vixit in saeculo duodecimo". Die Handschrift ist im Besitze des historischen Vereins für fränkische Geschichte. Sie stammt aus der Mitte des 18. Jahrhunderts, 4 Bl. in 4°, reicht aber nur bis V. 97; — kam aus dem Nachlasse des Bischofs Georg Karl v. Fechenbach († 1808).

Das Manuscript von Benedikt-Beuern, wovon Boost,

Meinhold und Roesch sprechen, enthält nur die baierische Travestie
des Simon Speer, ist daher keine Handschrift des Vaticinium Lehninense, obgleich Roesch sie sogar benutzt haben will (!); auch stammt sie
aus dem Anfange des gegenwärtigen Jahrhunderts (1803). Sie ist
jetzt ebenfalls in Würzburg.

VII. In Dillenburg (Nassau) im „Herzogl. Filial=Archiv" 1
Handschrift, ebenfalls aus der Mitte des vorigen Jahrhunderts, aus der
Zeit von 1750, — beschrieben von Friedemann, 1847 in der Zeit-
schrift für die Archive Deutschlands (s. unten).

Alle diese Handschriften sind, obgleich lauter Abschriften und After-
abschriften von einer Urhandschrift, unter sich nicht ganz gleich, sondern
haben hin und wieder verschiedene Lesarten (Varianten). Guhrauer
(s. unten, 1850) hat die Abweichungen von 7 derselben, Hilgenfeld
(s. unten, 1875) die der Handschriften und wichtigeren Drucke zusammengestellt.

Weitere Handschriften sind nicht bekannt. Was der angebliche
Magister Meyer in Leipzig (im Allg. Anzeiger der Deutschen 1807),
Boost, Meinhold, Wenner ꝛc. von andern und sogar alten Pergament-
handschriften vorgebracht haben, sind nichts als leere Behauptungen ohne
allen realen Boden, zum Theil sogar lecke Erdichtungen und Lügen, die
andern Unwahrheiten zur Unterlage dienen sollten. Mögen diejenigen,
welche ferner von dergleichen faseln wollen, eine einzige aufweisen!

Dritter Theil.

Literatur der Lehnin'schen Weissagung.
1682—1879.

> „Das Unverstandene beherrscht die Welt;
> das Verstandene wird beherrscht und ver-
> schwindet dann."   Kant.

> „Das Unvernünft'ge zu verbreiten,
> Bemüht man sich nach allen Seiten.
> Es täuschet eine kleine Frist:
> Man sieht doch bald, wie schlecht es ist."
>   Goethe.

1598. **Angelus**, A. (Engel), Annales Marchiae Brandenburgicae. Francofurti ad Viadrum, 1598. Folio.

Das Werk lieferte historisches Material für das Vaticinium. Wenn Mein-
hold (s. u. 1849) „eine Ansicht des alten Klosters Lehnin nach Angelus," „Annales
Marchiae" seinem Werke voranstellt, so ist dies eine der vielen Unwahrheiten dieses
Mannes, da bei Angelus weder ein Bild noch eine Beschreibung des Klosters steht.
Auch ist das Bild ganz unrichtig.

1628. **Cernitius**, Joh., Decem e familia Burggraviorum
Norimbergensium et Electorum Brandenburgensium Icones ad
vivum expressas eorumque res gestas praesentat — —.
Berolini 1628. Folio.

Nach Wolff (1850) S. 96 ist auch dies Werk bei der Abfassung des Vaticinium
benutzt worden; besonders wird dies deutlich, wo Cernitius irrt, z. B. zu W. 60
(„natus in Urbe"). Vgl. oben S. 51.

1682. **Rentsch**, Joh. Wolfg. — Brandenburgischer Ceder-Hein,
worinnen des Durchleuchtigsten Hauses Brandenburg Aufwachs- und
Abstammung auch Helden-Geschichte und Gros-Thaten, aus denen
Archiven und Ur-Briffschaften, auch andern bewerten Documenten mit
Fleiß zusammen getragen, und neben zirlichen Kupfer-Bildnißen vorge-
stellet worden durch Johann Wolfgang Rentschen, Hoch-Fürstl. Bran-

benburgischen Hof-Prebigern und Theol. Professorem. Unter Chur=
und Hoch-Fürstlichen Brandenburgischen Privilegien.
Bareut, aus der Gebharbischen Officin. 1682. Zu finden bei Hanß
Wolf Herteln.

Mit 1 Titelkupfer und 35 fürstlichen Portraits. 10 Bl., 920 Seiten und 32
Bl. Register. 8°.

Dieses und die beiden vorigen Werke haben dem sogen. Vaticinium fast seinen
ganzen Inhalt und historischen Stoff geliefert; das obige besonders auffallend zu
den Versen 36, 37, 39, 44, 56, 57, 58, 59, 75. — Das Machwerk kann also erst
nach 1682 entstanden sein.

1631. Henriquez, Chrysost., Fasciculus Sanctorum ordinis
Cisterciensis, complectens Cisterciensium ascetarum praeclarissima
gesta, libri II. Coloniae Agripp. 1631. Fol.

1694. de Visch, Carol., Bibliotheca scriptorum sacri ordinis
Cisterciensis. Duaci 1694. 4.

Das Kloster Lehnin hat zu der in diesen Werken aufgezählten beträchtlichen
Anzahl von gelehrten und heiligen Männern n i c h t e i n e n geliefert. Der Cultur=
zustand der Mark Brandenburg im 13. und 14. Jahrhundert war überhaupt der
Art, daß ein Gedicht wie das Vaticinium mit seinen Reminiscenzen aus fast allen
römischen Dichtern, mit seiner classischen Latinität und seinem historischen und philo=
logischen Wissen eine reine Unmöglichkeit ist. Die Geistlichkeit und speciell die
Klöster Lehnin und Chorin erhoben sich nicht im geringsten über das allgemeine
Niveau. Von der Gelehrsamkeit haben die dortigen Mönche nie viel gehalten und
waren fast durchgängig ungebildete Leute. Haben sie doch nicht einmal das dürf=
tigste Gerippe einer Chronik ihres reichen und bedeutenden Klosters hinterlassen.
Noch im Jahre 1431 befahl Papst Eugen VI. dem Abte Johann zu Lehnin, die
Unwissenden und Einfältigen im Convent durch die wenigen Gescheuten unterrichten
zu lassen. Dazu kommt noch ein Umstand, auf den besonders Dr. Guhrauer!
S. 12—16 aufmerksam gemacht hat. Im 12. bis in das 14. Jahrhundert, in
denen Visionen und Prophezeiungen nichts Seltenes sind, ward ein Seher nicht
etwa in der Verborgenheit gehalten, im Gegentheil: es ward eine Angelegenheit des
Klosters, dem der Seher angehörte, des ganzen Landes, der ganzen Zeit, ja der
Kirche selbst, deren höchste Autorität dem Glauben daran das Siegel aufdrückte
(z. B. den Offenbarungen der Aebtissin Hilbardis zu Bingen, der heil. Brigitta rc.).
Die Propheten begründeten den Ruhm ihres Ordens und Klosters. Hätte also
wirklich um 1300 ein Prophet Hermann im Kloster Lehnin im Rufe der Heiligkeit
gelebt, so hätte er nicht verborgen bleiben können. Der Cisterzienser-Orden hat
sich auch bis heute gegen das sogen. Vaticinium F. Hermanni sehr kühl bewiesen,
ja es geradezu ignorirt. Die klugen Herren Patres wollen sich nicht blamiren! —

1708. Delven, Christoph Heinrich. Curieuse Natur=, Kunst=,
Staats= und Sitten-Praesenten. Monatsschrift. Berlin 1708—1709,
bei Johann Wessel in der Dorotheenstadt. (Cplt. in 18 Monatsheften,
wovon die ersten 3 bei Johann Lorenz in der Nagelgasse, alle übrigen
bei Ulrich Liebpert, Königl. Preuß. Hof-Buchdrucker, Cöln an der
Spree gedruckt sind.)

Diese Monatsschrift war die erste und einzige ihrer Zeit. Oelven giebt im Märzheft ein in einigen Grundgedanken der Lehnin'schen Weissagung ähnliches Prognosticon, indem er dem kurz zuvor geborenen Sohne des Kronprinzen mittelst eines Anagrammes die deutsche Kaiserkrone voraussagte:

„Fili! Caesar eris Dux purpureusque Sionis
Vincendo — —".

(Leider starb aber dieser Prinz bald darauf.) Endlich fordert er die deutsche Nation unverholen zur That auf, damit das 200jährige Vaticinium in Erfüllung gehe. — Auf dies Prognosticon gründet Giesebrecht seine Meinung, daß Oelven der Verfasser des Lehnin'schen Vaticinium sei, wird aber von Guhrauer in über= zeugender Weise widerlegt. — Ein vollständiges Exemplar der obigen Monatsschrift befindet sich nur noch in der Universitäts=Bibliothek zu Breslau. —

1711. **Dlugossus, Joan.** (Domherr zu Krakau und Prinzen= Hofmeister am Hofe Kasimirs IV. von Polen, † 1480), Historiae Polonicae libri XII. Lipsiae 1711—12. Fol. Lib. VI, pag. 653.

„Quos (sc. fratres) primum de monasterio Levinensi ejusdem ordinis per Hermannum, ejusdem Levinensis monasterii tunc Abbatem, mitti obtinuerat".

Nach Meinhold (1849), S. 133—34 soll Dlugossus in dieser Stelle vom Kloster Lehnin („de monasterio Lehninensi") sprechen und angeben, es seien durch den Abt desselben Hermann ca. 1234 Mönche in das Kloster Gostichovo oder Gos= bzylowo (deutsch: Paradies in Polen) gesandt worden. Es ist dies aber nur eine der vielen Unwahrheiten Meinhold's. Nach den vorhandenen Urkunden hieß der Abt des Klosters Lehnin um 1234 Heinrich. Dlugossus spricht vom Kloster Levin in Schlesien, und nennt dessen damaligen Abt (ebenfalls unrichtig) Hermann (cfr. G. A. Stenzel, Urkundenbuch zur Geschichte des Bisthums Breslau, S. 187). Das Kloster Paradies wurde 1234 am 1. Februar von Bronisius de Gosczilow, orb. Cisterc. gestiftet und liegt unweit Bomst an der Obra, im heutigen Großh. Posen. Es erhielt Mönche vom Kloster Levin in Schlesien. Im Codex diplomaticus majoris Poloniae collectus a Casim. Raczynski, ed. Ed. Raczynski, Posnaniae 1840. 4. Nr. VI. pag. 10—11 heißt es: De anno 1234 (ex originali) .... „quod vir nobilis Bronisius Comes obtulit .... ad opus monasterii constituendi, et Domino Henrico abbati de Levin cum fratribus suis contulit". Ebenda sind in einer Original=Urkunde vom J. 1235 am Schlusse als Zeugen aufgeführt: u. A. Henricus abbas de Levin. Also ist der Name Hermann bei Dlugossus unrichtig; weder im Kloster Levin in Schlesien noch im Kloster Lehnin in der Mark Brandenburg gab es zu dieser Zeit einen Abt Hermann. — Meinhold sagt dabei ebenso unwissend wie keck: „Man schrieb nämlich Lenin, Lenyn, Lemnin, Lechin und Lewin. Letztere 3 Namen sind vollständig unwahr für Lehnin in der Mark, — wahr aber für das Kloster Levin in Schlesien".

1721. **Tschorn, Jo. Ad.** — Vates cum speciminis forma. Ed. Jo. Ad. Tschornius, Lübbenensium in Lusatia rector. Wite- bergae, MDCCXXI. Fol. 1½ Bogen. In der Vorrede befindet sich folgende Stelle:

„In manus haud ita pridem libellus pervenit Msc., cujus ex

monasterio Marchico virorum nonnemo optimorum copiam nobis
fecit, doctrina, humanitate, gratia fideque conspicuus. Continet
ille, quae lumen in tenebris accendunt, facem fortius illustrantia,
poëmata videlicet, quorum verba momenti vel maximi leguntur, et
ita non sine omine abs vate anonymo concepta, et quibusdam ex
locis luci, quamquam aegre, publicae exposita, non autem quod
malim aemulo et livido oculo perspiciantur.

Dies ist, wenn man Oelven nicht rechnen will, die erste öffentliche Erwähnung
der Lehnin'schen Weissagung. Der bezeichnete Mann ist wahrscheinlich G. P.
Schulz (s. unten, 1723). Die Schrift enthält ein Fragment des Vaticinium.
Sie befindet sich leider nicht in der Königl. Bibliothek zu Berlin.

1721. Leyser, Polyc. (Prof. poëseos Helmstad.). — Historia
Poëtarum et Poëmatum medii aevi decem post annum a nato
Christo CCCC seculorum. Centum et amplius codicum Mstorum.
ope carmina varia elegantia, ingeniosa, curiosa evulgantur, emen-
dantur, recensentur. Opera et studio Polycarpi Leyseri,
Poëseos Prof. ord. in Academia Helmstadiensi.

Halae Magdeb., sumptu Novi Bibliopolii 1721. (8 fol., 2132
pag. et 8 fol. Ind. 8°. (Die Pagination ist falsch: nach S. 1099
folgt anstatt 1100 sofort 2000.)

Pag. 2039. (Historia Poëtarum etc. sec. XIV.)

X. Hermannus. MCCCXXII.

„Frater ordinis Cisterciensis in monasterio Lehninensi vel
Lheninensi, quod situm est in Marchia Brandenburgensi haud
procul ab urbe Brandenburgo. Vixit ante Anno (sic!) MCCCXXII.
quod ex versu decimo Vaticinii colligo:

„Et nunc absque mora propinquat flebilis hora,
Qua stirps Ottonis, nostrae lumen regionis,
Magis ruit fato, nullo superstite nato."

Quod eo anno contigit mortuis Waldemaro et Johanne IV. Electoribus. Dicitur scripsisse Vaticinium versibus rhytmicis nondum editum, cujus initium:

„Nunc tibi cum cura, Lhenin, cano fata futura".

Der Verfasser hatte 2 Manuscripte in Berlin vergleichen lassen, und meinte,
nach V. 10—12 des Vaticinii zu schließen, müsse der Autor desselben 1322 gelebt haben.

1723. (Schulz, Gg. Peter, 1709—11 Professor medic. an der
Ritterakademie in Berlin, später Professor in Thorn.)

Das Gelahrte Preußen, aus neuen und alten, gedruckten und un-
gedruckten, großen und kleinen Schrifften, wie auch der gelahrten Männer,
welche in Preußen gebohren oder daselbst gelebet oder von Preußischen

Sachen geschrieben, Nahmen und Leben wochentlich vorgestellet. Ge=
druckt und verlegt von Joh. Nicolai, Buchdrucker in Thorn. O. O.
(1723) 8°. (1. Theil: 378 S. u. 3 Bl. Register. 2. Theil: 3 Bl.
Vorrede, 434 S. 2 Bl. Register.)

Theil 2, Stück 4 (Monath Julius), S. 247—306. (Enth.: „II.
Prophezeiungen von den Preußischen Regenten sowohl Pohlnischen als
Brandenburgischen Antheils ꝛc.") Darin S. 289:

„Was ferner das Brandenburgische Preussen betrifft, so weiß man,
daß nach Hertzog Alberti Friderici Ableben die Churfürsten von Bran=
denburg zugleich Hertzoge in Preussen gewesen sind, und endlich König
in Preussen geworden, und unter diesem Titel künftig hin werden ver=
ehret werden. Von diesen Großmächtigen Hause soll in Lehnin, vor=
mahligen Märckischen Kloster, nunmehr Churfürstl. Ambt, eine Prophe=
zeihung seyn gefunden worden, welche mir, da ich in Berlin war, ein
vornehmer Freund abschreiben lassen. Ich will dieselbe aus dem Msc.,
welches nach meinem Wissen bisher nicht gedruckt gewesen, dem geneigten
Leser mittheilen und denselben zur Brandenburgischen Historie ver=
weisen, wenn er alles deutlich zu erklären begierig ist, unterdessen aber
durch einige dazu gesetzte Noten zur besseren Verständigkeit Anlaß
geben."

„Vaticinium B. fratris Hermanni, Monachi in Lehnin".

Es folgt nun in 96 Verszeilen, die sogen. Weissagung; die damals bedenklichen
Verse 51, 58, 80 und 83 sind aber ausgelassen. Dies ist der erste Druck des
Gedichts. Der vornehme Freund war wahrscheinlich Oberst Nathanael von
Stapf, Rector der Ritter-Akademie in Berlin, welcher auch dem Chronologen
Alph. des Vignoles eine Abschrift mitgetheilt hatte. —

Wenn mehrere spätere Herausgeber und Commentatoren des Vaticinium, insbe=
sondere alle unkritischen und katholischen, als ersten Veröffentlicher desselben den
Königsberger Theologen Michael Lilienthal (die Ausgabe Frankfurt und
Leipzig 1808 sogar Lichtenthal) nennen, so beruht das auf einer leichtsinnigen
Verwechselung mit dem „Erläuterten Preußen", 5 Bde., welches Lilienthal gleichzeitig
herausgab, worin aber das Vaticinium in keiner Weise erwähnt ist. Meinhold,
1849 (S. 112) erfindet noch dazu als Besitzer des Manuscriptes den Bürgermeister
von der Linde in Danzig, „dem ein vornehmer Freund in Berlin das in Lehnin
gefundene Original copiren ließ". Die Citate, worauf er sich stützt, sind, wie bei
Meinhold gewöhnlich, falsch.

Im obigen Werke theilt G. P. Schulz auch das andere („ältere") Vaticinium
Lehninense mit, welches schon zu Anfang des 18. Jahrhunderts, vielleicht auch
schon früher, in einer lateinischen Handschrift in Umlauf gewesen sein soll, aber
mit dem heute bekannten Vaticinium nicht übereinstimmt. (S. oben sub I, Nr. VII,
S. 24—27.)

1730. Seyler, Gg. Daniel (Rektor des Gymnasiums in Elbing),

Leben und Thaten Friedrich Wilhelms, des großen Kurfürsten zu Brandenburg. Frankfurt und Leipzig, o. J. (1730). Folio. S. 47 ff.

Hier wird das Vaticinium Lehninense ganz in derselben Weise und in derselben Verbindung erwähnt, wie in dem 1741 von ihm (unter dem Pseudonym Zoroaster) herausgegebenen „Preußischen Wahrsager".

1741. Danziger Erfahrungen (Eine Monatschrift). Danzig 1741. Erster Monath.

Darin eine Recension der Schrift: Das Gelahrte Preußen. Die Lehnin'sche Weissagung wird darin mit einem lächerlichen Druckfehler: das Lehman'sche Vaticinium genannt.

1741. Literae Docti cujusdam anonymi, latino sermone conscriptae et Manuscripto 1°. Gottingensi adjunctae.

Tit: „Vir summe venerabilis, Magnifice atque Excellentissime, Domine Patrone ac Praeceptor aeternum devenerande".

In fine, sine nomine scriptoris et sine loco: „Scr. d. VI. Mart. 1741". (Der Brief ist in extenso abgedruckt bei Hilgenfeld (1875), a. a. O., S. 10 und 11.)

Gieseler (1849) S. 22—23 hat aus dem Inhalt erkannt, daß dieser Brief an den berühmten Prof. Hermann van der Hardt in Helmstädt († 1746) gerichtet war, wahrscheinlich von einem Brandenburger, der unter dem ersten König, Friedrich I. von Preußen, 1705, das Joachimsthal'sche Gymnasium in Berlin besucht und von seinem älteren Mitschüler Joh. Jac. Weise, einem Enkel des früheren kurfürstlichen Leibarztes Martin Weise († 1693) eine Abschrift der Weissagung erhalten hatte. Diese Abschrift, welche der Schreiber mit dem obigen Briefe 1741 an Prof. H. v. d. Hardt sandte, ist von dem Dr. Martin Weise selbst angefertigt und von dem dem Weise'schen Hause nahe verwandten Kammergerichtsrath Mart. Friedr. Seidel hin und wieder annotirt, und sollte, nach Angabe des letztern, aus einer Brandenburger Handschrift stammen. Von Brandenburg aus, welches nur 2 Meilen von Lehnin entfernt liegt, wäre demnach das Vaticinium dem Leibarzte Mart. Weise zugekommen. Der Schreiber erzählt ferner in dem Briefe, daß er die Abschrift schon damals (1705) dem Leibarzte und königl. Rathe Dr. Spener (Sohn des berühmten Theologen), welchem er genau bekannt gewesen, gezeigt habe. Dieser sei sehr betroffen gewesen und habe ihn gefragt, woher er diese Schrift habe, welche damals angesehene Männer zu erlangen sich vergeblich bemüheten; derselbe habe ihn auch sehr ermahnt, vorsichtig damit umzugehen und sie weiter Niemanden zu zeigen, da der Hof dieser Weissagung, welche sehr geheim gehalten werde, großes Gewicht beilege („quandoquidem aula ipsa praesagio isti in arcanis habito plurimum tribueret"). (Siehe oben: Die Handschriften. II. Göttingen Nr. 1. S. 62 63.)

1741. Manrique, Angelus. Annales Cistercienses, a condito Cistertio. 4 tomi. Uebersetzt durch Wilhelm I., Abt und Prälat des Cisterzienserklosters Gotteszell. Regensburg, 1741. 4 Thle. Fol.

M. war Cisterzienser im 17. Jahrhunderte. Ueber das Kloster Lehnin, Bd. I, S. 161 ff. Von dem „Vaticinium Lehninense" ist keine Rede, während andere Cisterzienser, wie Simon Alnensis etc. als Propheten erwähnt werden (t. III, 274, ad ann. 1193). Und doch war bei dem Kloster Lehnin (t. I, 161) die Gelegenheit vorhanden, des Propheten Hermann zu gedenken, wenn ein solcher existirt hätte!

1741. (**Seyler**, Georg Daniel, Rektor des Gymnasiums in Elbing (nicht: Seiler, wie oft angeführt, auch nicht G. P. Schulz).

Der Preußische Wahrsager, das ist: Bruder Hermann's von Lehnin wundersahme Prophezeyungen von den Regenten des Kurfürstlichen Hauses Brandenburg und Königreichs Preussen und deren Besteigung des Kayserlichen Thrones; nebst verschiedenen die Europäischen Staaten, sonderlich aber Pohlen, Oesterreich, Schweden und Preussen betreffenden, theils rahren, theils merckwürdigen Prognosticis. Aus geheimen Nachrichten und Urkunden sorgfältig zusammen getragen, und der curieusen Welt zu fernerer Beurtheilung getreulich mitgetheilt von Zoroaster. O. O. 1741. 4. (4 Bl. und 48 Seiten.)

Enth. Vorbericht. (3 Bl.)

Cap. I: Von den merckwürdigen Vorhersagungen, die dem Königl. Preussischen und Churbrandenburgischen Hause geschehen. (S. 1—16.) (S. 2—12 enthalten das Vaticinium mit Noten und einer gegenüberstehenden deutschen Uebersetzung in reimlosen Alexandrinern. Auch hier fehlen V. 51, 58, 80 und 83. Dies ist der zweite Druck des Gedichts.) Hierauf folgt das Gesicht des Dom-Custos zu Berlin und die Weissagung Nic. Leutinger's.

Cap. II: Von denen dem Ertz-Hause Oesterreich und Kayserthum verkündigten Vorhersagungen (S. 17—28).

Cap. III: Von denen das Königreich Pohlen betreffenden Vorhersagungen (S. 29—46) und eine Prophezeiung für die Türkei (türkisch und deutsch, S. 47 u. 48).

1741. Seyler, Gg. Daniel. — Weitere Ausführung derer ohnlängst bekannt gewordenen, und jetzo in einen Zusammenhang gebrachten, auf das allerdurchlauchtigste Königl. Haus Preußen und dessen noch bevorstehende glückliche Fata, abzielender, nachdenklichen, wundersamen und in gegenwärtige Zeiten eingeschlagenen Weissagungen. Oder: Die Glückseligkeit und immer steigende Macht des hohen Königl. Hauses Preußen, wie solche sogar durch höchst wunderwürdige und erstaunliche Weissagungen vorher verkündigt worden, voraus zu sehen, daß solche nicht sonder merkliche Concurrenz göttlicher Vorsehung, insonderheit unter dessen jetzigen preißwürdigsten, und allen Ruhm weit übersteigenden Ober-Haupt sich ausbreite und fernerhin ausbreiten werde. Frankfurt und Leipzig 1741. 4°.

Die Schrift ist „dem königlichen preußischen Hause" zugeeignet; sie ist bestrebt, die Vorherbestimmung Preußens zu der höchsten Würde in der Christenheit aus verschiedenen alten Weissagungen — und dafür hält Seyler auch die Lehnin'sche, sowie die des alten Berliner Domküsters — zu verkündigen — (wahrscheinlich, um Verzeihung für seine Publikation des Vaticinium zu erhalten).

1741. **Europäischer Staats-Wahrsager, d. i.** Wundersame Prophecehungen von dem jetzigen Zustand der meisten und vornehmsten Europäischen Staaten rc. Mit verschiedenen Anmerkungen. Bremen, bei Nathanael Saurmann, 1741. 8. (4 Bl. u. 184 S.)

Cap. VII (S. 138—184): Prophecehungen, das Königl. Preußische und Chur-Brandenburgische Haus betr. Darin S. 142—163: Fratris Hermanni Monachi in Coenobio Marchico Lehnin Vaticinium metricum de Marchia et ejus Electoribus scriptum Anno Chr. MCCCVI; gegenüber die deutsche prosaische Ueberletzung Zoroaster's, darunter Anmerkungen. S. 167—169 wird die andere Prophezeiung des Dom-Küsters in Berlin, mitgetheilt seinem Schwestermann Hainno Flörke, Canzlei-Actuario in Tangermünde, vollständig erzählt. — Alles ohne jede historische und literarische Kritik.

Es folgten noch 4 Auflagen, darunter 3. A. 1748 und eine „ganz" neue, mit vielen Zusätzen und Anmerkungen versehene Auflage. Bremen 1758. Hier steht das Vaticinium auf S. 141—179. Die früher ausgelassenen Verse mit Sternchen versehen; nach W. 67 ist sogar ein neuer, völlig mißlungener Vers hinzugekommen, den keine Handschrift hat: „Homo valde ingeniosus, sed nulla laude clarus".

1742. (Seyler, Georg Daniel) Der neu vermehrte Preußische Wahrsager. Oder: Wundersame Prophezeyungen von den Regenten des Churfürstlichen Hauses Brandenburg und Königreichs Preußen und deren Besteigung des Kayserlichen Thrones, nebst verschiedenen die Europäischen Staaten, sonderlich aber Pohlen, Oesterreich, Franckreich, Schweden und Moscau rc. betreffenden theils raren, theils merckwürdigen Prognosticis. Aus geheimen Nachrichten und Urkunden sorgfältig zusammengetragen und der curieusen Welt zu fernerer Beurtheilung getreulich mitgetheilet von Zoroaster. O. O. 1742. 4°. (48 S.)

Ebenso: Engelland 1742. 4°. (48 S.)

Enth. Vorbericht (3 Bl.).

Cap. I. Von den merckwürdigen Vorhersagungen, die dem Königl. Preußischen und Churbrandenburgischen Hause geschehen (S. 1—13). Darin die Lehnin'sche Weissagung ebenso wie in der 1. Aufl.

Cap. II. Von denen dem Erß-Hause Oesterreich und Kayserthum verkündigten Vorhersagungen (S. 13—21).

Cap. III. Von denen das Königreich Pohlen betreffenden Vorhersagungen (S. 21—32).

Zweiter Theil. Vorbericht (S. 33).

Cap. I. Fortsetzung der merckwürdigen Vorhersagungen so dem

Königl. Preußischen und Churbrandenburgischen Hause geschehen (S. 34 - 36).

Cap. II. Fortsetzung der Vorhersagungen von dem Schicksale des deutschen Reichs, des Erzhauses Oesterreich und dessen theils zugehörigen theils angränzenden Provinzen, als Ungarn, Böhmen, Schlesien, Sachsen (S. 36—41).

Cap. III. Von Ungarn, Pohlen, Rußland und angränzenden Reichen (S. 41—46).

Cap. IV. Von denen dem Türckischen Reiche geschehenen Vorher= sagungen (S. 46—48).

Die besondere Erwähnung des Bruders Hermann von Lehnin fehlt auf dem Titel dieser Ausgabe, das Vaticinium befindet sich indeß, wie in der 1. Aufl. im Cap. I. des ersten Theiles.

1742. Herrn Peter Bahlens Historisches und Kritisches Wör= terbuch, nach der neuesten Auflage von 1740 in's Deutsche übersetzt, mit des berühmten Herrn Maturin Veyßiere la Croze und verschiedenen anderen Anmerkungen versehen. Theil II. Lpz. 1742, S. 106, unter „Cataldus".

Die Uebersetzung ist von dem Leipziger Professor Joh. Christoph Gottsched herausgegeben. Derselbe sagt a. a. O. (Anmerkung): „Man schiebt zwar die Er= klärungen der Verse, womit man sich herumträgt, auf einen gewissen Neukirch; wer aber dieser Neukirch sey, der verstorbene anspachische Hofrath, oder der in Halle gelebet, das sagt man auch nicht".

Gewiß ist der schlesische Dichter Benjamin Neukirch (geb. 1665, † 1739) gemeint. Derselbe war 1703—1713 Professor an der Berliner Ritterakademie, und später Hofrath in Anspach. Erklärungen von ihm über die Lehnin'sche Weissagung sind indeß ganz unbekannt; vielleicht liegt eine Verwechselung mit den Erklärungen von Alphons des Vignoles zu Grunde, welche später bei Oelrichs (s. u. 1761) gedruckt erschienen.

1742. Berlinische Sammlung nützlicher Wahrheiten, wöchentlich herausgegeben. Berlin, bei Dan. Aug. Gohl, 1742. 8. Stück 36. S. 281—288, ein Artikel über die Weissagung: „Von dem Kloster Lehnin und dem Lehninischen Mönche Hermann, nach Veranlassung einer in dem 2. Band des Bahle'schen Wörterbuchs befindlichen Anmerkung".

Siehe vorige Nummer! Die Anmerkung Gottsched's ist wörtlich abgedruckt.

1745. Henkel, Friedr. (Prediger zu Königsberg in der Neumark). Frater Hermannus Leninensis redivivus. Oder: Der wiederlebende Frater Hermann von Lehnin, dessen Weissagung von dem Schicksahl seines Klosters und denen Regenten der Chur-Marck Brandenburg wiederleget, Eine andere Prophezeiung desselben angeführet, Und zugleich die gantze begeisterte Welt nach der Vernunft und H. Schrift betrachtet und ge= prüfet wird.

Francfurt und Leipzig (—) 1745. 8. (7 Bl. Vorrede, 335 S. u. Errata.)

Enth. Vorrede: Bl. 2—8.

Cap. 1: Historische Einleitung zu denen Weissagungen, 7 Paragraphen (S. 1—8).

Cap. 2: Von denen Kennzeichen der Weissagung, 4 Paragraphen (S. 9 - 24).

Cap. 3: Von denen Weissagungen, die von geistlichen Dingen handeln, 19 Paragr. (24—204).

Cap. 4: Von denen Weissagungen, die von weltlichen Dingen handeln, 22 Paragr. (S. 205—326).

Cap. 5: Von denen Weissagungen der Heil. Schrift, 6 Paragraphen (S. 327—335).

Das seltsame Werk handelt von S. 1 - 273 und S. 315 bis Schluß in einem unverdauten Geschreibsel de omnibus et quibusdam aliis, von Adams Sündenfall, von den Orakeln der Heiden, vom Alkoran und Talmud, von den Sprüchen der Päpste, von den Wiedertäufern und Inspirirten, von Theophr. Paracelsus, Nostradamus etc. Was von Fr. Hermann und dem Vaticinium gesagt ist, beträgt nur wenige Blätter, ist unbedeutend und theilweise unrichtig. Es ist in den §§ XVII und XVIII des 4. Capitels (S. 273--314) enthalten und beruht auf Mittheilungen von J. C. Weiß (s. diesen im Vorbericht S. 7 und 8).

1745. — — „Diese Schrift erschien in demselben Jahre in einem Nachdruck zu Wien bei Buchhändler Krause. Diese Ausgabe soll Herr von Bartenstein, der damals für das Haus Oesterreich schrieb, den preußischen Schriftstellern, welche die V. 89—95 auf Friedrich II. bezogen und demselben nicht nur einen glücklichen Erfolg der Waffen, sondern auch die Kaiserwürde prophezeiten, entgegengesetzt haben".

So Kindlinger (Kiefer), 2. Aufl. 1808. Ein Exemplar dieses Nachdrucks war trotz aller Mühe nicht aufzutreiben.

1746. Weiß, Joh. Caspar (nicht Weise, auch nicht Weis, ein Schweizer aus Zürich, Prediger der evangelisch = reformirten Gemeinde zu Lehnin.)

Vaticinium metricum D. F. Hermanni, Monachi in Lenyn; oder: Bruder Hermanns, eines Mönchen aus dem Kloster Lehnin, der um das Jahr 1300 soll gelebt haben, vorgegebene Weissagung von den zukünftigen Begebenheiten der Mark Brandenburg und der Regenten dieses Churfürstenthums, insonderheit aus dem Stamm der Burggrafen von Nürnberg; durch und durch aus den Geschichten erläutert und mit nothwendigen Anmerkungen, woraus offenbar wird, daß es eine Brut neuerer Zeiten sey, versehen durch EInen ErforSCher der Wahrheit.

Berlin, zu finden bei Ambrosius Haube, 1746. 8. (346 S.)

Enth. 1. Vorbericht (S. III—XX).

2. Kurzgefaßte Nachrichten von den alten Geschichten der Mark Brandenburg, von den ältesten Zeiten bis auf die Erlöschung des As= canischen Stammes (S. 1—53).

3. Vaticinium D. F. Hermanni, Monachi Lehninensis, de Ao· 1300. (Mit weitläufigen Anmerkungen und einer gegenüberstehenden Uebersetzung in reimlosen Alexandrinern nach Seyler, jedoch etwas ge= ändert, S. 54 bis Schluß).

Weiß ist der Erste, der die angebliche Weissagung als gefälscht erkennt und nachweist. Das Buch ist unter allen älteren Ausgaben bei weitem die beste und gründlichste, und enthält schätzbare urkundliche Nachrichten und Erörterungen. Daß der Verfasser Weiß, und weder Weise, noch Weisse, noch Weis heißt, s. Heffter in den Märkischen Forschungen, 1857.

1746. Weisz, Joh. Casp., Hermannus, D. F., Monachus. (?) Vaticinium metricum, oder Bruder Hermann's eines Mönchen aus dem Kloster Lehnin herausgegebene (?) Weissagung von den zukünftigen Begebenheiten der Mark Brandenburg und seiner Regenten. Aus der Geschichte erläutert und mit Anmerkungen versehen von Joh. Caspar Weiß.

Frankfurt und Leipzig (—) 1746. 8. (Nachdruck des vor. Werkes.)

So freundlichst mitgetheilt von Hrn. Wilh. Koebner (L. F. Maske's Antiquariat) in Breslau, aus dessen Catalog 131: „Bibliographische Repertorien", S. 17, Nr. 292. — Ob der Titel, namentlich am Anfang, genau ist und nicht vielmehr wie in der Original=Ausgabe lautet: „Vaticinium metricum D. F. Her- manni, Monachi in Lenin" etc. muß ich dahin gestellt sein lassen, da dieser Nach= druck mir nicht zu Gesicht kam. Wichtig aber ist der volle Name des Verfassers, den der Titel dieser Ausgabe mittheilt, da derselbe noch bis in die neueste Zeit (z. B. Hilgenfeld, 1875, Firnstein, 1876) Weise genannt wird. Heffter l. c. nennt ihn: Johann Conrad Weiß.

1746. Erforscher der Wahrheit, von C. W. Frankfurt und Leipzig 1746.

Wolff (1850) S. 2 citirt diese Schrift nach Dr. Schorn (1848) als eine Widerlegung der Weissagung, und sie scheint ein starkes Werk zu sein, da eine Note zu „S. 614" citirt wird. Ich finde das Werk sonst nirgends. Ohne diese hohe Seitenzahl könnte man vermuthen, daß J. Caspar Weiß, der sich in seinem citirten Werke (von 346 Seiten) „EJnen ErforsCher der WahrheiT" nennt, damit gemeint sei; man könnte die Seitenzahl für einen Druckfehler statt S. 14, Note ansehen, was, ebenso wie die von Wolff weiter citirte S. 55, ganz genau passen würde. Allein die Ausgabe der Weiß'schen Schrift „Frankfurt und Leipzig 1746" nennt (nach der obigen Mittheilung dieses Titels von W. Roebner in Breslau) den Namen des Verfassers Joh. Caspar Weiß vollständig. Uebrigens giebt es vielleicht auch einen Zusammenhang dieser Schrift mit W . . . C . . ., Widerlegung der Prophezeiung des Bruder Hermann von Lehnin. Leipzig 1807".

Aufklärung hierüber müssen wir uns vorbehalten.

1746. Neuer Bücherſaal der ſchönen Wiſſenſchaften und freyen Künſte. Leipzig, bei Bernh. Chrph. Breitkopf. (Bd. 3 = 572 S.) Bd. III. Stück 2. Auguſt 1746.

S. 112—132. II. Recenſion der Schrift von J. E. Weiß, Vaticinium metricum (v. Gottſched).

S. 116. „— daß in der Bibliothek des † Bürgermeiſters(?) in Berlin, Herrn v. Seibel, ein geſchriebenes Exemplar von dieſer Weiſſagung gefunden worden, worin von gleicher Hand verſchiedene Verſe geändert und verbeſſert geſtanden. Dieſes kann alſo wohl gar das Original von der ganzen Schrift geweſen ſeyn, und es iſt wahrſcheinlich, daß ſie erſt in den letzten Jahren Friedrich Wilhelms des Großen, da ſie zuerſt bekannt geworden, auch geſchmiedet ſey“

S. 126. „— Darin ſind wir aber ſeiner (Weiß') Meinung nicht, da er auf der 269. und 270. Seite ſagt, dieſe Weiſſagung ſey erſt unter Friedrich's III. Regierung bekannt geworden. Wir haben nämlich die Ehre, einen vornehmen Miniſter zu kennen, der, wie er jetzo in einem hohen Alter iſt, alſo noch den Churfürſten Friedrich Wilhelm den Großen gekannt, und ſich's gar wohl erinnern kann, daß ſein ſel. Herr Vater, bei dem Leben dieſes Herrn, ſolche Prophezeiung aus Berlin mitgebracht, dahin er von ſeiner Landſchaft verſchickt geweſen“.

Wäre Vorſtehendes richtig und gewiß, ſo hätte man hier die erſte ſichere Spur des Vorhandenſeins der Dichtung; alſo um 1683—88.

1747. Abel, Caspar, Fortgeſetzte Preußiſche und Brandenburgiſche Reichs- und Staatshiſtorie. Leipzig 1747.

Abel ſpricht S. 33 von dem Vaticinium Lehninense und ſagt, „daß derjenige der die Nettigkeit der lateiniſchen Sprache und Poeſie wohl inne hat, die Kolik davon kriegen möchte, alldieweil faſt kein einziger Vers mit der Proſodie und Grammatik recht übereinkömmt“. Darin irrt aber der gelehrte Herr. Allerdings ſind Leoniniſche Verſe, die in den Klöſtern und Jeſuitenſchulen ſehr im Gebrauch waren, keine klaſſiſche Proſodie; ſonſt aber iſt Inhalt und Form des Gedichtes gewandt und zeugen von viel klaſſiſchem Wiſſen. Es iſt viel zu gelungen für einen Lehniner Mönch des 13. Jahrhunderts.

1748. Neu vermehrter Preußiſcher Wahrſager, oder wunderſame Prophezeiungen ꝛc. in ſich haltend des Irländiſchen Erz-Biſchoffs Malachiae ꝛc. . . . . Bruders Hermann von Lehnin . . . . . und viele andere rare Weiſſagungen. Bremen 1748. 8. Gantz neue Aufl. Bremen 1758. 8.

Des ſogenannten Irländiſchen Erzbiſchof's Malachias Prophezeiungen über die Römiſchen Päpſte ſind ebenfalls als gefälſcht längſt nachgewieſen und zwar von gelehrten Katholiken ſelbſt, nämlich von Claud. Franc. Menestrier, Soc. Jesu, in ſeiner „Gründlichen Widerlegung der von Arnold Wionus für des Irländiſchen Biſchofs Malachiä Arbeit ausgegebene und faſt von Jedermann dafür angenommene Prophezeiung, betreffend alle Römiſche Päpſte, ſo von A. Chr. 1143 bis ans Ende regieren ſollen.“ Leipzig 1691. 4. Vor ihm hatte ſchon Manrique (ſ. oben) die Weiſſagung des Malachias als apokryph erklärt (lib. II, 115).

1753. Harenberg, J. C. (Probst und Professor am Carolinum zu Braunschweig), Brem- und Verdisches freiwilliges Hebopfer. Siebenter Beitrag. Stade und Leipzig 1753 bei Johann Heinrich Pratje.

Auf S. 801 dieser Schrift spricht der Verfasser von der Weissagung: er habe eine Abschrift bei dem reformirten Hofprediger in Minden, Georg Christian Sagittarius, vorgefunden und darüber mit demselben geredet. Harenberg erzählt dabei, daß der sel. Abt Joh. Fabricius in Helmstädt ihm 1726 geoffenbaret, der Abt Nicolaus v. Zitwitz (ein Convertit) sei der Verfasser der Weissagung. Hierauf hat dann Gieseler (1850) seine Annahme gestützt. — Leider aber gilt der Herr Prof. Harenberg nicht blos als sehr unzuverlässiger, ja geradezu lügenhafter Berichterstatter und Urkundenfälscher, sondern auch in der obigen Mittheilung selbst finden sich mehrere — Unrichtigkeiten. Es ist daher auf die Erzählung nicht viel zu geben.

1758. (Seyler, Gg. Daniel), Der neue vermehrte Preußische Wahrsager, oder: Wundersame Prophezehungen von den Regenten des Churfürstlichen Hauses Brandenburg und Königreichs Preußen und deren Besteigung des Kayserlichen Thrones, nebst verschiedenen die Europäischen Staaten, sonderlich aber Pohlen, Oesterreich, Franckreich, Schweden und Moscau rc. betreffenden theils raren, theils merckwürdigen Prognosticis. Aus geheimen Nachrichten und Urkunden sorgfältig zusammen getragen und der curieusen Welt zu fernerer Beurtheilung getreulich mitgetheilet.

Zu finden in Wien, Paris, Stockholm, Petersburg, Dresden und im ganzen Reich. 1758. 4°.

Ist die 3. Auflage von 1741 und 1742. Es sollen 5 Auflagen erschienen sein. Neben der schon in 2. Aufl. weggelassenen Erwähnung des Bruder Hermanns von Lehnin fehlt auch noch das Pseudonym Zoroaster auf dem Titel dieser Ausgabe.

Von Herrn Wilh. Koebner in Breslau ist uns aus einem Antiquariats-Katalog derselbe Titel, jedoch mit der alleinigen Ortsbezeichnung: Wien, 1758. 4. mitgetheilt worden. Eine solche Ausgabe ist uns aber zweifelhaft. Abgesehen davon, daß ein „Preußischer Wahrsager" dieser Art Druckort und Absatzgebiet schwerlich in Wien und Oesterreich finden konnte, so sind gerade antiquarische Kataloge sehr unzuverlässig; des Raumes wegen befleißigen sie sich der Kürze. Von mehreren Ortsnamen auf dem Titel wird da gewöhnlich nur der erste angeführt. Dazu kommt, daß das obige Werk in allen seinen 5 Auflagen in einer Stadt des nördlichen oder nordöstlichen Preußens gedruckt und die Druckorte fingirte sind.

1759. Küster, Gg. Gottfr. — Marchiae literatae specimen Vigesimum, vaticinii Lehnineusis auctorem detegens. Ed. Gg. Gothofredus Kusterus. Berolini, litteris Kunstianis, die XXIX. Junii MDCCLIX. (20 pag. 4°.)

Küster ist nach Weiß (1746) der Zweite, der das Vaticinium einer kritischen Untersuchung unterwirft. Er hält, gleich Weiß, den Kammergerichtsrath Martin Friedrich Seibel in Berlin († 1693) für den Verfasser und die Jahre 1648—57 für die Abfassungszeit, meint aber, es sei ein bloßer „lusus ingenii" (Spiel des Witzes) gewesen. In dieser Ansicht ist Küster so sicher, daß er im Nebentitel seines Spec. XX: Vaticinii Lehninensis auctor detectus den armen Seibel geradezu als Propheten von Lehnin erklärt.

1761. (Oelrichs, Dr. Joh. Carl Conr.) Beyträge zur Branden= burgischen Geschichte.

Berlin, Stettin und Leipzig, im Verlag Joh. Heinr. Rüdiger's. 1761. 8. (8 Bl. Vorrede, XIV pag. Reg. u. 584 S.)

S. 309—328: „IV. Alphons von Vignoles' Anmerkungen über die Weissagungen des Bruder Hermann's, eines Mönchen zu Lehnin, das Branden= burgische Hauß betr. Aus einer noch nicht gedruckten französischen Handschrift mitgetheilet. (Unterz.) Montags den 4. May 1711. Des=Vignoles." Darunter: „Im Jahr 1697 hat der verstorbene Herr von Schönhausen mir ein Exemplar von dieser vorgegebenen Prophezeyung gezeiget. Dieses Exemplar schien mir über 50 Jahr alt zu seyn. De la Croze".

A. des Vignoles' Anmerkungen, welche ursprünglich in französischer Sprache niedergeschrieben waren, sind nach dem Original französisch abgedruckt in der Mauclerc'schen Bibliothek, S. 114, wo sie dem Vaticinium beigegeben sind. So berichtet Val. Heinr. Schmidt (1820), S. 31.

1762. Berlinische Sammlung nützlicher Wahrheiten, wöchentlich herausgegeben. Berlin, bei Dan. Aug. Gohl, 1762.

Ein Anonymus sucht hier die Ansicht von Weiß und Küster zu widerlegen, wonach der Kammergerichtsrath Mart. Friedr. Seibel der Verfasser des Vati= cinium sei.

1765. Buchholtz, Samuel. Versuch einer Geschichte der Chur= mark Brandenburg.

Theil II. Berlin 1765. S. 86 ff.

Theil IV. — 1771. S. 143, not.

Buchholtz hält Andr. Fromm für den Verfasser des Vaticinium.

1787. Schönemann, F. L. Historische und diplomatische Ge= schichtsbeschreibung des . . . . Cistercienser=Klosters Lehnin.

Berlin 1787, 8. S. 19 ff.

Diese „Geschichtsbeschreibung" ist nur Fragment geblieben. S. 19 heißt es: „Lehnin galt indessen unter den Cistercienser=Klöstern für das gelehrteste(?!), und es hat auch wirklich einige kluge und gelehrte Männer gehabt, davon ich an seinem Ort ein Mehreres anführen werde". Der Verf. hat aber auch weiterhin keinen angeführt. Dagegen meint er von der Bibliothek des Klosters, daß sie „nur aus Missalien, Breviarien und Evangelienbüchern bestanden haben möge". Ebenso Spieker, Kirchengeschichte der Mark Brandenburg (1839), I. 136. Und doch das gelehrteste Kloster?! — Von klugen Männern aus dem Kloster Lehnin ist nur der Mönch Dietrich Kagelwid bekannt, welcher sich durch seine Spähße und sparsame Haus= haltung die Gunst Kaiser Karl's IV. erwarb und durch diesen nach und nach bis auf den erzbischöflichen Stuhl zu Magdeburg erhoben wurde, wo er 1367 starb. (S. über ihn Spieker, a. a. O., I. 142—145, und die Beilagen.)

1788. Denina, Essai sur la vie et le règne de Frédéric II, roi de Prusse. Berlin 1788. p. 454.

D. erwähnt die Lehnin'sche Weissagung, die Sage ihrer Auffindung in einer alten Mauer des verfallenen Klosters bei Gelegenheit einer Jagd in den letzten Jahren des großen Kurfürsten oder seines Sohnes. Friedrich der Große habe sie sich zeigen lassen, aber sie mit Spott bei Seite gelegt. Derselbe wurde im Jahre 1736 mit dem Vaticinium zuerst bekannt; vgl. Guhrauer (1850), S. 56 u. Note 131 und von Seckendorff (1811), II. S. 157.

„Il se moquoit assez de toutes les prédictions. Néanmoins il parut curieux de voir un certain livre de prophéties dans le goût de Nostradamus, qu'on disait avoir été trouvé dans le vieux monastère de Lehnin etc."

1787. Adelung, J. Chr., Fortsetzung und Ergänzungen zu Jöcher's Allgemeinem Gelehrten-Lexikon. Bd. 2. C—J. Leipzig, J. Fr. Gleditsch, 1787. 4.

S. 1945. Ueber das Vatic. sub voce: Hermann von Lehnin. Die Dichtung ist nach ihm gegen Ende des 17. Jahrhunderts verfaßt.

1799. Biographia venerabilis servi Dei Bartholomaei Holzhauser, vitae communis Clericorum Saecularium Restauratoris. Accedunt ejusdem in Apocalypsin Commentarii plane admirabiles. Editio novissima. Bambergae et Wirceburgi, 1799.

Auf die Wiedererweckung dieses Visionairs ist die Lehnin'sche Weissagung nicht ohne Einfluß gewesen, wie der Herausgeber, und neuerdings der Uebersetzer, L. Clarus (f. b., 1847) selbst gestehen. Hier findet sich (nach Guhrauer, a. a. O. S. 196) die erste Spur einer Verschiebung der Verse unseres Vaticinium. In der Vorrede sagt der Herausgeber: „In Vaticinio Monachi Lehninensis Hermanni valde paradoxum fuit, quod ab anno 1306 omnia tam exacte evenerint; illud autem magis percellit, quod post annum 1722, ubi Vaticinium hoc jam typis prodierat, visus fuerit Rex juvenis infra trigesimum aetatis annum regimen capessere, dum Maria Theresia „magnum Monarcham" in utero habens ingemiscebat, perturbato Germaniae statui componendo Carolus VII. Imperator par non erat, et Rex ille sat sibi roboris inesse sentiebat, ut Imperii vexillo sese opponeret." —

Der „große Monarche" und der „heilige Papst" spielen eine wichtige Rolle bei Holzhauser, als künftige Wiederhersteller der Macht der Kirche und des heiligen Römischen Reichs.

1799. Der Preußische Volksfreund. Berliner Monatsschrift, 1799. Stück 3. S. 377 ff.

Hier find, angeblich aus dem Lehnin'schen Archiv, verschiedene ungedruckte Nachrichten von diesem Kloster mitgetheilt.

1800. Steinhart, Ueber die Altmark. Bd. I. Stendal 1800.

Ueber das Vaticinium S. 118 ff. Er hält den Convertiten Fromm für den Verfasser.

1807. Allgemeiner Anzeiger der Deutschen oder Allgemeines Intelligenz-Blatt zum Behuf der Justiz, der Polizey und der bürgerlichen Gewerbe in den deutschen Staaten, wie auch zur öffentlichen

Unterhaltung der Leser über gemeinnützige Gegenstände aller Art. Gotha. Jahrg. 1807. Bd. 2.

Nr. 212 (S. 2217): Eine Anfrage wegen des Vaticinium: was es damit eigentlich für eine Bewandtniß habe, inwiefern es in Erfüllung gegangen, und ob der Ereignisse von 1806 u. ff. noch Erwähnung darin geschehen? Nr. 241 (S. 2507): Antwort eines sog. Mag. Georg David Meyer in Leipzig unterm 23. August d. J.: Er habe eine Handschrift der Lehnin'schen Weissagung, auf 8 Pergamentblätter sehr zierlich geschrieben, die erste Zeile mit goldenen Buchstaben, und die Anfangsbuchstaben jeder Zeile roth ausgemalt, mit dem Titel auf der ersten Seite, mit rothen Buchstaben geschrieben: „Vaticinium Lehninense, cujus Auctor est Hermannus Monachus Lehninensis", und darunter mit schwarzen Buchstaben: „Anno Domini nostri Jesu Christi MCCCCXXXI. Burkhardus Monachus Lehninensis", — mehrere Jahre hindurch besessen, bis es ihm vor 6 Jahren durch einen sogenannten guten Freund nebst einigen andern literarischen Seltenheiten aus seinem Bücherschranke sey entwendet worden. „Ich besitze aber eine neuere Abschrift vom Jahre 1741, die ich mit jener sorgfältig verglichen und vollkommen gleichlautend befunden habe. Sie ist mit deutschen Anmerkungen begleitet, die nicht unwichtige Beiträge zur Geschichte der Mark Brandenburg vom Jahre 1322—1440 enthalten". Derselbe Herr Meyer glaubte schließlich Beweisgründe zu haben, daß das Vaticinium im Jahre 1318 (ausgerechnet!!) sey geschrieben worden.

Das Zeugniß ist natürlich erlogen; einen Mag. Gg. Dav. Meyer gab es damals in Leipzig nicht (vgl. Joh. Georg Eck's Leipziger gelehrtes Tagebuch. Leipzig 1780—1807, das die zu jener Zeit in Leipzig lebenden Gelehrten ganz genau enthält, aber diesen Namen nicht hat); die Lüge des Pseudonymus, hinter dem sich wahrscheinlich der Verleger der Ausgabe Leipzig 1807 versteckte, war nur darauf berechnet, für dieses Buch Reclame zu machen. Dr. Heffter hat nachgewiesen, daß in allen ächten alten Urkunden des 14. und 15. Jahrhunderts niemals Lehnin, sondern Lennyn, Lenthyn, Lenyn ꝛc. vorkommt. Auch sind alle bekannten Handschriften im Einzelnen unter sich verschieden, keines mit dem andern „vollkommen gleichlautend ꝛc."

Nr. 292. Ein Ungenannter behauptet gegen den Mag. Meyer, die angebliche Prophezeiung sey erst unter König Friedrich Wilhelm I. abgefaßt worden, wobei er zugleich literarische Notizen über dieselbe und Statistisches über Lehnin mittheilt. Nr. 349. In dieser Nummer trat Valentin Heinr. Schmidt in Berlin entschieden gegen Meyer auf. Es erfolgte aber weder auf den vorigen, noch auf diesen Angriff irgend eine Antwort.

1807. W ... C ..., Widerlegung der Prophezeiung des Bruder Hermann von Lehnin. Leipzig 1807.

Vergl. oben S. 76: 1746. Erforscher der Wahrheit.

1807. Frater Hermann von den Schicksalen der Mark Brandenburg und ihrer Regenten. Eine Prophezeihung des 13. Jahrhunderts aus der Brandenburgischen Geschichte genau erläutert. Leipzig (—) 1807. 8. (104 S.)

Verfasser soll Venantius Nicolaus Kindlinger, Minoriten-Mönch in Münster, dann Archivar in Essen, Corvey und Fulda, endlich Pfarrer in seinem

Geburtsorte Neudorf im Rheingau sein. Er starb 1819 und war Besitzer einer Handschrift des Vaticinium, die jetzt im Geh. Staatsarchiv zu Berlin aufbewahrt wird.

Vorblatt: „Prophetias nolite spernere: omnia autem probate; quod bonum est, tenete. S. Apostel Paulus, Ep. 1 ad Thessalon. cp. 5, V. 20." (Dasselbe auch deutsch). — S. 1—8. Prophetia fratris Hermanni de fatis Marchiä Brandenburgicä et ejus Regentum. S. 9—12 Vorrede. — S. 13 — Schluß: Uebersetzung in Prosa Zeile für Zeile, mit Erklärung.

Dasselbe in 2. Auflage unter dem etwas geänderten Titel:

1808. Frater Hermann, Cisterzienser Ordens Profeß, von den Schicksalen des Klosters Lehnin und des Hauses Brandenburg. Eine Prophezeihung aus dem dreizehnten Jahrhundert erläutert aus der brandenburgischen Geschichte. Zweite verbesserte und vermehrte Ausgabe.

Düsseldorf, bei Johann Wilhelm Nöggerath, Buchbinder. 1808. 8. (4 Bl. und 196 S.)

Enth. Motto, wie oben. Vorrede. Prophetia fratris Hermanni, Ordinis Cisterciensis Professi de fatis Monasterii Lehnin et Domus Brandenburgicae. — Uebersetzung des lateinischen Textes (Vers für Vers in Prosa), Eintheilung und Erklärung. A. E. Druckfehler.

Als Herausgeber der 2. Ausgabe wird ein gewisser Kiefer genannt (f. de Bouverot, Prophétie du frère Hermann etc. Paris 1827, préface).

Ein katholischer, preußenfeindlicher Geist macht sich in beiden Auflagen breit.

1808. Hermann von Lehnin, der durch die alte und neueste Geschichte bewährt gefundene Prophet des Haus Brandenburgs (sic!). Bearbeitet durch einen Geschichts-Freund in dem diesem Hause so fatalen Jahre 1807. Frankfurt und Leipzig (—) 1808. gr. 8. (XXVIII und 179 S.).

Enth. S. III. — XXV (soll heißen: XXIV). Vorbericht.
S. XXIV (soll heißen XXV) — XXVIII: „Vaticinium B. F. Hermanni monachi quondam Lehninensis ord. Cisterc. qui circa annum 1300 floruit, et in Monasterio Lehninensi vixit. Ex libro Mspto. ex quo constat hoc Vaticinium jam ante anno (sic!) 400 consignatum esse. Ex Copia authentica in ultima medietate saeculi decimi septimi confecta".

S. 1—168. Uebersetzung nach Weiß, mit historischen Erklärungen. — S. 169—179. Schluß und Rückblick über das Ganze.

Verfasser soll ein Benediktiner-Mönch in Huysburg, letzter Bibliothekar dieses Klosters sein. Er ist ein Schwätzer, der alle möglichen Anekdoten, beglaubigt oder nicht, in preußenfeindlichem Sinne zusammengetragen hat.

1811. de Seckendorff, Baron. Journal secret du — — depuis 1734 jusqu'à la fin de l'année 1748. (Joint aux Mémoires de la princesse Frédérique Sophie Wilhelmine, Marggrave de Baireuth.) — Tübingen, Cotta, 1811.

Part. II pg. 157: „Frédéric II dans sa maladie (en 1736) s'étant fait

expliquer par Nazmer le Vaticinium Leninense, il a dit: „Je ne serai pas
„pessimus"; je mourrai donc!" (v. V. 85 du Vatic.)

Voici le passage de la soi-disante prophétie de Lenin, qui fait allusion
au successeur de Frédéric Guillaume (I.), qui commence ainsi:

„Qui sequitur, pravos
Imitatur pessimus avos.
Non robur menti,
Non adsunt numina genti" etc.

v. Seckendorff war kaiserlich österreichischer Gesandter in Berlin. Die Stelle
findet sich auch in der deutschen Ausgabe: „Denkwürdigkeiten der Prinzessin Friederike
Sophie Wilhelmine Markgräfin von Baireuth. Theil 2. S. 157. Ebenda.

1819. Hundert merkwürdige Vorhersagungen, Preußens ältere
und neuere Geschichte betr., wie solche von dem Abte des Klosters Lehnin
im 13. Jahrhundert niedergeschrieben, und nachher im Berliner Archiv
gefunden worden; auf's neue bekannt gemacht und mit nöthigen Erklärungen versehen, zum Beweise genauester Uebereinstimmung mit den
älteren und neuesten Zeitereignissen, nebst Anhange, darin die Gegner
dieser Prophezeiung widerlegt werden.

Deutschland (Leipzig bei Engelmann), 1819. 8. (204 S.)

Mit großer Zuversicht wird hier behauptet, daß im Jahre 1300 in dem
Archive des Klosters zu Lehnin von dem damaligen Abte Johannes diese Verse (in
der Weissagung) seines Vorgängers, des Abtes Hermann, der schon im Jahre 1234
wegen seiner Weissagungsgabe gerühmt worden, gefunden wurden. „Dies behaupten alle Schriftsteller einstimmig!" (soll heißen: kein einziger!)

1819. Zeitschwingen. Frankfurt a. M. bei Wilmans. Erster
Jahrgang, 1819. Nr. 36 und 37 vom 5. und 8. Mai.

Enth.: „Weissagungen von Preußens Schicksalen. Vaticinium fratris Hermanni de Lehnin". Die zur Seite stehende Uebersetzung ist eine poetisch freie, oft
kühne. Eingeleitet wird der Abdruck durch folgende Worte: „Seit Kurzem spricht
man in Preußen wieder öfter von diesen Orakeln; daher wir durch eine Mittheilun
den Dank der Leser der Zeitschwingen zu verdienen hoffen."

1820. Schmidt, Val. Heinr., Die Weissagung des Mönchs
Hermann von Lehnin über die Mark Brandenburg und ihre Regenten,
oder: Was ist an ihr Wahres und Unwahres? Eine Untersuchung
der neuesten Erklärungen derselben.

Berlin 1820. Enslin. 8.

Schmidt hält Andreas Fromm für den Verfasser. In eine eigentliche Untersuchung geht er nicht ein, sondern sucht die Erklärungen der Weissagung in den
Ausgaben von 1807 und 1808 zu widerlegen.

1821. Wilken, Dr. Fr. (Bibliothekar in Berlin), Ueber das
sogen. Vaticinium Lehninense, auf Veranlassung des Staatskanzlers
v. Hardenberg 1820 abgefaßt (datirt Berlin 2. Januar 1821).

In Schmidt's Allg. Zeitschrift für Geschichte. Bd. VI. Berlin
1846. S. 176 ff. — 191.

Die Abhandlung steht auch abgedruckt bei Boost, 1848. 2. Abth. S. 287—
298. Der Verf. hält den Kammergerichtsrath Mart. Fr. Seibel für den Urheber
des Vaticinium, und beweist, daß es nicht vor 1674 geschrieben sein könne.

1827. de **Bouverot**, Louis, (Jésuite belge). Prophetie du
frère Hermann, religieux profès de l'ordre de Citeaux dans le
XIII.⁰ siècle, annonçant pour une époque peu éloignée du temps
actuel l'abolition du Protestantisme dans la monarchie Prussienne
et la rentrée de ses sectateurs dans le sein de l'église catholique.
Avec des notes explicatives. Paris 1827. 12⁰. (90 pages.)
— — Le même. Ed. 2. Paris 1830. 12⁰.

Das Buch ist der Vorläufer einer Reihe von Schriften desselben Verfassers
in gleichem Sinne.

1828. L'Éclair. Journal mensuel. Septbr. 1828. Bruxelles.

Das Journal will seinen belgischen Lesern einen Begriff geben von den „prédictions vraiment surnaturelles du frère Hermann. Nos lecteurs seront émus
d'admiration". Dabei eine Menge Irrthümer: Lilienthal ist Herausgeber des
„Gelahrten Preußen" u. dergl. — Die Einsendung scheint von Herrn b. Bouverot
herzurühren.

1828. **Cosmar**, J. W. C., Beiträge zur Untersuchung der gegen
den kurbrandenburgischen Geheimen Rath Grafen Adam zu Schwarzen=
berg erhobenen Beschuldigungen. Zur Berichtigung der Geschichte unserer
Kurfürsten Georg Wilhelm und Friedrich Wilhelm. Großentheils aus
archivalischen Quellen geschöpft. Berlin 1828.

Wichtig zum richtigen Verständniß des V. 71 des Vaticinium, welcher vom
Grafen Schwarzenberg spricht. Cosmar weist auf diesen Vers hin und zieht den
Schluß daraus, daß darin nur die Verwaltung des Grafen angefochten werde.
In dem Verfasser des Vaticinium, dessen Entstehung er unter die Regierung des
großen Kurfürsten setzt, sah er nur einen gemeinen Satyriker. Vergl. Guhrauer,
(1850), S. 123—127.

1839. (de **Bouverot**, L.), (1. Titel:) Vaticinium Patris Hermanni, ou Prophétie du Père Herman de Lehnin.
(2. Titel:) Prophétie authentique du vénérable Père Herman,
Abbé de Lehnin, dans le Brandenbourg, de l'ordre de Citeaux,
vers l'an 1300, interprétée et mise au jour par un prêtre mission-
naire catholique de l'Allemagne.
Bruxelles, Imprimerie de Veuve J. J. Vanderborght, Marché
aux poulets, Nr. 26. 1839. 8. (35 pages.)

Inhalt: S. 5. Vaticinium Patris Hermani.
(Von den 100 lateinischen Versen sind die V. 10, 11, 12, 15, 20, 28, 44—
54, 71, 72, 78, 80, 82, 84, 86, 89, 90 u. 91 am Rande mit diesen Zahlen bezeichnet.)
S. 8. Remarques et Interprétation de cette prophétie.

(Unter Anberem: „la prophétie se trouve çà et là dans les différentes chroniques du trés-célèbre ordre de Citeaux", b. h. in gar keiner Chronik!)

1839. Spieker, Ch. W., Kirchen- u. Reformations-Geschichte der Mark Brandenburg. Thl. 1. Berlin 1839.

Ueber das Kloster Lehnin. — Ueber das Vaticinium S. 147 ff. Der Verf. hält Anbreas Fromm für ben Urheber bes Vaticinium.

1840. Prophetae veteres pseudepigraphi, partim ex abyssinico vel hebraico sermonibus latine versi. Edente A. F. Gfroerer. Stuttgardiae. Prostant apud Adolphum Krabbe. 1840. gr. 8. (XV et 438 pag.)

Cont.: Praefatio Editoris.
1) Ascensio Isaiae vatis (Pag. 1—65).
2) Esdrae liber quartus (P. 66—168).
3) Enochi liber (P. 169—302).
4) Liber de vita et morte Mosis (P. 303—362).
5) Vaticinia Merlini vatis (P. 363—426).
6) Vaticinia Hermani monachi ab(!) Lehnin (P. 427—432).
7) Vaticinia Malachiae Hiberni de Papis romanis (P. 433—437, 4⁰).

— — „Herrmanni Monachi Lehninensis vaticinia, quae annum 1310 ut natalem prae se ferunt(?), superiore seculo, si Adelungio fides, saepius excusa, sed jam rarissima (?), et spuria esse et vana, nemo est harum rerum peritus, qui ignoret. Sed quando primum in lucem prodierint, admodum in obscuro est. Adelungius in suo catalogo eruditorum generali, sub voce „Hermanni", exeunte seculo decimo septimo Berolini conficta esse scribit." — —

1840. Fratris Hermanni Monachi in coenobio marchico Lehnin Vaticinium metricum de Marchia ejusque electoribus scriptum anno MCCCVI. Ed. A. F. Gfroerer. S. l. et a. (Stuttg. 1840.) gr. 8 (4 folia.)

Separat-Abbruck aus bem vor. Werke. — Der Name „Hermann" ist auf breierlei verschiebene Weise geschrieben. Hier steht 1306 als Jahr ber Abfassung; in ber Praefatio 1310 als Geburtsjahr(!) Im Uebrigen ist ber Abbruck genau nach bem „Europäischen Staatswahrsager" (1741), ohne Varianten unb — ohne Kritik.

1841. (Bouverot, Louis de.) Communications à M. M. les archevêques et evêques de France et de Belgique de la prophétie du Frère Hermann et de quelques pièces relatives à cette prophétie. Sittard (Belgique) 1841.

Eine beutsche Uebersetzung bieser Schrift soll nach S. 86 (Grimma 1846) (s. unten!), S. 3 unter folgenbem Titel erschienen sein:

— Mittheilungen an die Herren Erzbischöfe und Bischöfe von Frankreich und Belgien über die Prophezeiung des Bruder Hermann und über einige auf diese Propheiung bezüglichen Aktenstücke. Pillau 1841.

1843. Pater Goßler, ein Porträt mit der aus der Lehnin'schen Weissagung, V. 98 u. 95 entlehnten Umschrift:

„Priscaque Lehnini surgunt et tecta Chorini,
Et pastor gregem recipit, Germania regem."

Otto Schulz (1846) erwähnt dieses Bildes in s. Abhandlung (Sep.-Druck, S. 4): „Damit kündigte sich jener fanatische Priester, ein Vorläufer Bouverot's, als offenen Prediger des Katholicismus in der Mark Brandenburg an", sagt er.

1844. b. **Bouverot,** L.

In der Uebersetzung der Bouverot'schen Schrift, welche „im Juli 1845" zu Köln erschienen ist (s. die folgende Nummer), heißt es S. 2 von Ludwig von Bouverot, „der nicht nur im vorigen Jahre eine neue Ausgabe der gedachten Prophezeiung mit einer vollständigen Erklärung derselben veranstaltete, sondern auch unterm 14. März 1839 ein Schreiben an Se. Majestät, den jetzt regierenden König von Preußen, der damals noch Kronprinz war, richtete u. s. w. „— — Derselbe richtete im April 1841 ebenfalls ein Schreiben in Betreff dieser Prophezeiung an die Erzbischöfe und Bischöfe Frankreichs und Belgiens, und erklärt in einer Benachrichtigung zu seiner im vorigen Jahre zu Brüssel veranstalteten Ausgabe und Erklärung der in Rede stehenden Prophezeiung, daß, sobald das Werk gedruckt sein werde, dem Minister der geistlichen Angelegenheiten in Preußen 50 Exemplare; den Ministern der geistlichen Angelegenheiten Englands, der Niederlande, Dänemarks, Schwedens und der Republik Bern, Jedem 10 Exempl., so wie allen katholischen Mitgliedern des diplomatischen Corps zu Brüssel oder zu Paris, dem päpstlichen Nuntius zu Paris, und dem Präsidenten der deutschen Bundesversammlung zu Frankfurt am Main Exemplare übersandt würden" u. s. w. —
Diese Ausgabe: Brüssel, 1844 habe ich ihrem Titel nach nirgends erwähnt gefunden.

1845. **Bouverot,** Lugwig (sic!) von. — Die wunderbare Prophezeiung des Bruders Hermann von Lehnin. Mit vollständigen Erklärungen nach dem französischen Werke von Lugwig von Bouverot. Köln, Druck und Verlag von Kremer & Becker (M. Becker). 8. (104 S.)

Vorerinnerung (S. 2—4), mit dem Datum: „Köln, im July 1845. Der Uebersetzer und Verleger." — Einige geschichtliche Bemerkungen (S. 5—6). Wichtigkeit und Göttlichkeit von Prophezeiungen im Allgemeinen und von der Prophezeiung des Bruders Hermann insbesondere (S. 7—13). — Prophetia Fratris Hermanni, Ordinis Cisterciensis Professi (S. 14—18). — Weissagung des Bruders Hermann von Lehnin, Mitglied des Cistercienser-Ordens (in Prosa-Zeilen) (S. 19 - 26). — Prüfung und Erklärung der Prophezeiung des Bruders Hermann von Lehnin (S. 27—104).

1845. (**Wenner,** Dr. A.) Frater Hermann. Weissagungen

über die Schicksale des Hauses Brandenburg. Von Dr. Arnold Rennew.
„In certis unitas, in dubiis libertas, in omnibus charitas!"
Borken, bei E. C. Brunn, 1845. 8.

W. 94. Neue Lesart: „Is rex — audet!" Das Büchlein wurde confiscirt, aber später wieder freigegeben, nachdem Wenner vor dem Appellationsgericht bewiesen, daß eine solche Variante existire(?) In allen bis dahin bekannten Handschriften und Drucken findet sie sich nicht.
— 2. Ausg. (wo, wann?)
— 3. Ausg. Münster 1847. 8. (24 S.)

1846. de **Bouverot,** Louis. Réclamation respectueuse d'un écrivain catholique contre une ligne de conduite suivie par Sa Sainteté le Pape et par Messeigneurs les Archevêques et Evêques de Belgique à l'occasion de l'envoi qu'il leur avait fait d'un écrit de sa composition.
Dusseldorf, Kampmann, 1846. gr. in 8. (88 pages).

Das „envoi" betraf die Prophezeiung des Br. Hermann v. Lehnin, und die Anwendung, welche Bouverot davon gegen Preußen machte.

1846. **Bouverot,** Louis de. Extrait d'un Manuscrit relatif à la Prophétie du Frère Hermann de Lehninn (sic!). Titre de ce manuscrit: Merveilleuse Prophétie du frère Hermann de Lehninn, concernant les destinées du monastère de Lehninn, celles de la maison de Brandebourg; celles de l'Église catholique; celles de toutes les Eglises protestantes, reformées et évangeliques de l'Univers; etc. etc.
Avec des notes explicatives.
Bruxelles. C. Vogler, Libraire-Commissionnaire. 1846. 12°.
(314 pages.)

Cont.: Extrait de l'Epigraphe (p. 5—6);
Avertissement (p. 7—10).
Notice (s. le fr. Hermann) (p. 11—13).
Prophetia fr. Hermanni, ord. Cisterc. prof. (p. 15—18).
Traduction (en prose) (p. 19—27).
Extrait de l'avant-propos du Manuscrit de 1845. (p. 29—65).
Extrait de l'avant-propos de l'edition de 1827 de la Prophétie (p. 67—76).
Extrait des notes explicatives (p. 77—192).
Extrait du chapitre intitulé: Observations, renseignements et conseils etc. (p. 193—258).
Extrait d'une lettre adressée le 14. mai 1839 à M. le

ministre des affaires écclésiastiques de Sa Maj. le
Roi de Prusse, Frédéric-Guillaume III. (p. 259, 260).

Extrait d'une lettre adressée le 14. mai 1839 à Sa
Maj. le roi de Prusse, Fréd. Guillaume IV., alors
Prince-royal de Prusse (p. 261—266).

Lettre à MM. les archevêques et éveques de France et
de Belgique (p. 267—272).

Note accessoire sur les vers 27 à 34 de la prophétie,
transmise au Ministre Prussien, le 14. mai 1839
(p. 273—278).

Supplément au chapitre intitulé. Observations, aver-
tissements et conseils (p. 279—297).

Extrait du numéro du mois de Septbre. 1828, du Journal mensuel L'Eclair (p. 299).

Note supplémentaire sur le vers 94 de la prophétie
(p. 301—303).

Conclusion (p. 305—307).

Appendice (p. 309—311).

Table des matières (p. 313—314).

Der Verfasser, ein belgischer Jesuit, will auf Grund der Prophezeiungen des
Br. Hermann den König Friedr. Wilhelm IV. und mit ihm ganz Preußen und
Deutschland katholisch machen. Dann soll der König deutscher Kaiser werden; wo
er aber nicht katholisch würde, gehe sein Geschlecht unter. Welche ungeheuere Mühe
er sich mit diesem Gedanken giebt, sieht man schon aus dem Inhalt, wie aus seinen
früheren und späteren Schriften. Er wandte sich mit Druckschriften an den König,
den Kronprinzen, die Minister, die Generalsynode, an die Erzbischöfe und Bischöfe
Frankreichs und Belgiens zc. Ein recht curioses Buch!

Recensirt wurde es von P. F. Stuhr in der Allg. Zeitschrift für Geschichte
1846, S. 94—96.

1846. de Bouverot, Louis. Merkwürdige und wunderbare
Prophezeiungen des Bruder Hermann von Lehnin, enthaltend die Schicksale des Hauses Brandenburg, der katholischen und evangelischen Kirchen
des Erdenrunds, des deutschen Bundes und päpstlichen Stuhles, nebst
Aufruf an alle Souveraine Deutschlands, Se. Maj. den König Friedrich
Wilhelm IV. von Preußen zum Oberhaupt des deutschen Bundes, unter
dem Titel eines Königs von Germanien einzusetzen, sobald er zum
Katholicismus übergegangen sein wird. Aus dem Französischen mit
einer Einleitung.

Grimma, Druck und Verlag des Verlags-Comptoirs. 1846. N. 8.
(334 S.)

Inhalt: I. (Einleitung) S. 1—3. Aus den „Mittheilungen an die Herren

Erzbischöfe und Bischöfe von Frankreich und Belgien über die Prophezeiungen des Bruder Hermann und über einige auf diese Prophezeiungen bezügliche Aktenstücke — eine Schrift, die im Jahre 1841 französisch zu Sittard in Belgien, deutsch zu Pillau(?) erschienen ist.

Prophetia fratris Hermanni, ordinis Cisterciensis professi (Text) S. 4—8.

Prophezeiung des Bruders Hermann von Lehnin, Cisterzienfermönch. (Uebers. in 100 Prosa=Zeilen) S. 9—17.

II. Auszug aus der Vorrede zum Manuscript von 1845. (S. 18—56.)

III. (Ohne Ueberschrift, S. 57—68.)

Erläuternde Bemerkungen (zu der Prophezeiung) (S. 69—190).

Beobachtungen, Nachrichten, Verkündigungen und Rathschläge, die sich theils zum Gebrauch Sr. Maj. des Königs v. Preußen, theils zu dem seiner Minister, theils zu dem seiner Unterthanen, theils zu dem der Souveraine Deutschlands, theils zu dem der gesammten Unterthanen der Königreiche und Fürstenthümer eignen, aus welchen Deutschland zusammengesetzt ist. (S. 191—270.)

Auszug eines Briefes vom 14. Mai 1839 an den Cultusminister des verstorbenen Königs von Preußen, Friedr. Wilhelm III., von dem Verfasser der französischen Uebersetzung und der Erläuterungen zu der Prophezeiung des Bruder Hermann. (S. 271—274.)

Auszug eines Briefes vom 14. Mai 1839 an Se. Maj. den König von Preußen Friedrich Wilhelm IV., damals Kronprinz, von dem Verfasser (wie oben). (S. 275—282.)

Brief an die Herren Erzbischöfe und Bischöfe von Frankreich und Belgien, übergeben im Monat April 1841, an die HH. Erzbischöfe und Bischöfe von Belgien, als integrirender Theil der Schrift: „Mittheilung ꝛc." (S. 283—290.)

Nachträgliche Bemerkungen über die Verse 27 bis 34 der Prophezeiungen des Bruder Hermann, dem preußischen Ministerium am 14. Mai 1839 übergeben. (S. 291—300.)

Supplement zu dem Kapitel mit der Ueberschrift: Bemerkungen, Verkündigungen und Rathschläge u. s. w. (S. 301—324.)

Aus der Monatsschrift: „l'Eclair", Septemberheft 1828. (S. 325.)

Ergänzende Note zu Vers 94. (S. 326—328.)

Schluß. (S. 329—332.)

Anhang. (S. 333—334.)

Uebersetzung des vorigen Buches. Durch ein Königl. Preuß. Ministerial=Rescript wurde der Debit der Bouverot'schen Schriften, Uebersetzungen ꝛc. ausdrücklich frei gegeben.

1846. Magazin für die Literatur des Auslandes, herausgegeben von Jos. Lehmann. Berlin, Veit & Comp. 1846. Juli. Fol.

Enth. literarische Nachrichten über die Lehninische Weissagung.

1846. Allgemeine Zeitung. Augsburg, Cotta. 1846 vom 12. Juli.

Correspondenz aus Berlin, über das von Brüssel aus dem Könige Friedrich Wilhelm IV., dem Hofe und den Gesandten eingeschickte Buch v. Bouverot.

Siehe Boost. 1848. S. 248/49.

1846. Rhein= und Mosel=Zeitung. 1846. Juli.

2 Artikel und Antwort darauf in einem halboffiziellen Artikel aus Berlin in derselben Zeitung, das sogen. Vaticinium und das Buch von Bouverot betreff. S. Booſt. 1848. S. 249–50.

1846. Kölniſche Zeitung. 1846. Juli.
Art. über die Lehniniſche Weiſſagung, das Buch von Bouverot ꝛc.

1846. Weſtphäliſcher Merkur. Zeitung für das katholiſche Volk. Münſter, Verl. der Coppenrath'ſchen Buchh. 1846. Mittwoch, den 29. Juli (nicht 26. Juli). Beilage zu Nr. 180.

Im Kloſter zu Glabbach bei Bonn ſei ein Manuſcript des Vaticinium Fratris Hermanni aus dem 14. Jahrhundert — geweſen! Das Blatt fordert die noch lebenden Mitglieder der Kloſtergemeinde zur Wiederaufſuchung deſſ. auf. Vorher 1 Artikel aus der Kölniſchen Zeitung. 1846, Juli, den das obige Blatt abdruckt.

1846. Schulblatt für die Provinz Brandenburg. Berlin L. Oehmigke & Comp. 11. Jahrg. 1846. 4⁰. (S. 348 ff.)
Darin ein Aufſatz von Schulrath Otto Schulz, „die Lehniniſchen Weiſſagungen".

1846. Schulz, Otto, Provinzial=Schulrath. Die Lehniniſchen Weiſſagungen, nebſt einem Anhang über Herzog Albrecht von Preußen. Aus dem Schulblatt für die Provinz Brandenburg abgedruckt. Berlin 1846. Verl. der Nicolai'ſchen Buchhandlung. (18 S.)
Inhalt: Die Lehniniſchen Weiſſagungen S. 1–12. — Auguſtin Theiner über Herzog Albrecht von Preußen S. 13–18. — Schulz hält Andr. Fromm „und Niemand anders" für den Verf. des Vaticinium und findet es unbegreiflich, wie Küſter, Wilken und Andere den Kammergerichts= und Conſiſtorial=Rath Martin Friedr. Seidell (ſic!), einen Ehrenmann, der ſich ſtets durch Mäßigung und Einſicht ausgezeichnet, für den Autor eines ſo elenden und dabei ſo boshaften Machwerks halten konnten. Ueber Fromm S. 8–10. Derſelbe war mit Seidell befreundet und mochte ihm wohl von Böhmen aus das Vaticinium mittheilen, indeß ohne ſich als deſſen Verf. zu bekennen. —

1846. Gieſebrecht, Prof. Dr., Die Weiſſagung von Lehnin und Chriſtoph Heinrich Oelven. Nebſt einem Anhang über die Handſchriften des Vaticinium Lehninense in der K. Bibliothek und dem Geh. Staats= archive zu Berlin.
In: Allg. Zeitſchrift für Geſchichte, herausg. von W. A. Schmidt. 3. Jahrg., Bd. VI. Berlin 1846, Veit & Comp. S. 433 ff. u. Anhang S. 470–478.
Gründliche und reichhaltige wiſſenſchaftliche Unterſuchung. Der Verf. hält den in der Ueberſchrift genannten Oelven, einen wunderlichen Kauz, Rittmeiſter und Mitglied der Berliner Societät der Wiſſenſchaften, † um 1725 im Wahnſinn, für den Urheber. — Im Anhang beſchreibt er die 4 Handſchriften der Königl. Bibliothek und die einzige des Geh. Staatsarchivs zu Berlin und theilt aus allen die Varianten mit.

1847. Weissagungen des Cisterzienser Bruders Hermann von Lehnin aus dem Jahre 1270. Aus dem Lateinischen übersetzt nebst Erklärung des bereits eingetroffenen Theiles über die Regierung des Königes Friedr. Wilhelm IV., das Schicksal Deutschlands und der katholischen Kirche rc. Als Anhang das Original der Weissagungen. Crefeld, Klein, 1847. (24 S.) 12⁰. (1½ Sgr.)
— dass. 2. Aufl. Crefeld 1849. 12⁰.

1847. von **Schütz,** Wilh. Weissagung des Bruder Hermann von Lehnin nach der belgischen Ansicht. Würzburg, Verlag der Stahelschen Buchhandlung. 1847. gr. 8. (172 Seiten.)

Der Verf. ist ein märkischer Gutsbesitzer und Convertit. Er befürwortet eifrig die Tollheiten des belgischen Jesuiten Louis de Bouverot. Außer der „einleitenden Vorrede" giebt er den lateinischen Text des Vaticinium mit historischen und theologischen Erklärungen, und einen „Nachtrag" (S. 164—168), zuletzt eine deutsche Uebersetzung in gereimten Alexandrinern, von ihm selbst verfaßt (S. 169—172).

1847. Clarus, L. Bartholomäus Holzhausers Lebensgeschichte und Gesichte. Aus dem Lateinischen übersetzt. Regensburg, Manz 1847. gr. 8.

In der Vorrede S. IX spricht er auch von der Lehnin'schen Weissagung; er hält den Verf. desselben für einen „von Gott erleuchteten Mann" und meint, daß der Streit über die Echtheit der Weissagung noch keineswegs zum befriedigenden Abschlusse geführt worden sei.

1847. Friedemann, Fr. Traug., Zeitschrift für die Archive Deutschlands. Besorgt von — —. Hamburg und Gotha, Fr. A. Perthes. gr. 8. Gotha 1846. Heft 1.
1847. Heft 2. S. 161—164. Enth. einen Aufsatz: „Zum Vaticinium Lehninense, aus einer Nassauischen Handschrift", eine Beschreibung der in dem Nassauischen Archive zu Dillenburg aufbewahrten Abschrift des Vaticinium, mit werthvollen philologischen Bemerkungen.

1847. (de **Bouverot,** Louis.) Wunderbare Weissagungen des Bruder Hermann von Lehnin über die Schicksale des Hauses Brandenburg. Nach dem Französischen des Louis de Bouverot. Paderborn 1847. 8. (22 S.)

1848. de **Bouverot,** Louis, Soll Glück und Wohlstand in Deutschland wieder hergestellt werden, so müssen die Protestanten zur katholischen Kirche zurückkehren, wonach dann Kaiser Ferdinand I. zum Römischen Kaiser als lebenslänglich regierendes Oberhaupt des deutschen Bundes, König Friedr. Wilhelm IV. zum deutschen Kaiser als Mitoberhaupt desselben Bundes, mit Anwartschaft auf die römische Kaiserwürde, und Erzherzog Johann zum König von Germanien als lebenslänglicher Stellvertreter des römischen Kaisers erhoben werden. Aus den Prophezeiungen des Frater Hermann und des Spiel=Bähn nachgewiesen.

Düsseldorf, Kampmann, 1848. 8. (41 S.)

be **Bouvevot**, Louis. Dasselbe, 2. vermehrte Aufl. Düsseldorf ebend. 1849. 8. (39 S.)

— — 3. Aufl. Düsseldorf. 1849. 8. (39 S.)

Hier steht auf dem Titel: „Kaiser Franz Joseph I."

1848. Hundert Prophezeihungen über die Schicksale Preußens und seiner Regenten, welche im 13. Jahrhundert vom Bruder Hermann im Kloster Lehnin niedergeschrieben worden und von denen 92, wie historisch nachgewiesen wird, wunderbarerweise eingetroffen sind. Die letzten acht Prophezeiungen, von der größten Wichtigkeit über Preußens nächste Zukunft, scheinen ebenfalls ihrer Erfüllung nahe zu sein. Preis 2½ Sgr.

Berlin. Verlag von M. Cohn & Comp. 1848. 8. (38 S.)

Herausgeber ist Bernh. Heßlein (Jude). Einleitung (S. 3—6). Uebersetzung in Prosa oder fehlerhaften Hexametern, mit Erläuterungen (S. 6—34). Prophetia fratris hermanni (sic!) de futis (sic!) Marchiä Brandenburgicä et ejus Regentum. (S. 35—38.) Abdruck aus Kindlinger (1807); jedoch V. 94: „Is rex . . . audet". Viele Fehler im Lateinischen! —

1848. Die höchst benkwürdige Weissagung des hochwürdigsten Pater Abt(!) Herrmann von Lehnin, über Preußens ältere und neuere Geschichte, von 1322 bis 2000, bisher buchstäblich eingetroffen, und eben in der Entwickelung begriffen.

Bremen, Verlag von A. D. Geißler. 1848. 8. (36 S.)

Einleitung. Nur deutsche Uebersetzung in Prosa (S. 1—12). Erklärung aus der Geschichte (S. 12—36).

— Dass., Zweite vermehrte Auflage. Bremen ebendas. 1848. 8. (39 S.)

1848. Boost, Joh. Adam. Die Weissagungen des Mönchs Hermann zu Lehnin über Preußen, und jene des Benedictiners David(!) Speer zu Benedictbeuern über Bayern. „Nur auf der Wahrheit ruht die Wahrsagung. Schiller."(?)

Augsburg, 1848. Verlag der Matth. Rieger'schen Buchhandlung (Joh. Peter Himmer).

Auch unter dem Titel: Die Geschichte und die Propheten, die wahren Schlüssel zu den Pforten der Zukunft. „Nil novi sub sole. Salomon". Dritte den jetzigen Zeitwirren gemäß sehr veränderte und vermehrte Auflage.

Augsburg, 1848 (wie oben). gr. 8. (IX u. 406 S.)

Das Buch fängt von dem Sündenfall an und kommt erst auf S. 248 an das Vaticinium Lehninense. Es enthält vielerlei, wie: Geschichte des Judenthums, des Christenthums, Zustand des Protestantismus, des Judenthums und des Katholicismus, die Sittenlosigkeit in Berlin, der revolutionäre Geist in Preußen, Europäische Zustände, Rußland, Oesterreich, die Kirche u. s. w. Darunter auch S. 248—284: Prophezeiung des Mönchs Hermann von Lehnin und unsere geschichtliche Erklärung derselben. Text latein und deutsch (in Hexametern) (S. 252—257). Erklärung der Verse (S. 258—284). — Die geschichtliche Untersuchung der Hermann'schen Weissagung durch den Geh. Reg.-Rath und Oberbibliothekar Dr. Wilken in Berlin (S. 287 — 298). — Nachweisung der Falschheit jener Untersuchung und aller darauf gegründeten Unterstellungen: a) durch die Weissagung des Mönchs Simon (!) (s. oben) Speer über Bayern; b) durch Wilken's falsche Deutung der Hermann'schen Verse 72—75, wodurch er alle nachfolgenden in Beziehung auf die Geschichte völlig verrückte (S. 299—319). Die letzten acht Hermann'schen Verse und Preußens wahrscheinliche Zukunft (S. 320 u. ff.).

1848. Kutscheit, Dr. J. W., Sechs bisher unbekannte höchst merkwürdige Prophezeiungen auf unsere nächste Zukunft, verglichen mit den bekannten des Frater Herrmann, Spiel-Bähn, Jasper und Barth. Holzhauser. Gesammelt und herausgegeben. 1. u. 2. Auflage. Preis 2½ Sgr.

Bonn 1848. Verlag von J. Wittmann. 8. (23 S.).

Einleitung. — Ueber Fr. Hermann, S. 15.

1848. Le livre de toutes les prophéties et prédictions. Passé, Présent et Avenir. 3e édition. Paris 1848.

Das Werk enthält auch den lateinischen Text des sogen. Pater Hermann von Lehnin.

1848. Menzel, Wolfg., Literaturblatt zum Morgenblatt. 1848. Stuttgart, Cotta, Nr. 76—77. 4°.

Umständliche Betrachtung über die Lehnin'sche Weissagung, ohne daß M. sich nach der einen oder der anderen Seite entschieden hätte. Er nimmt zwar an, daß ein späterer Gelehrter das Vaticinium unter dem Namen Hermann ersonnen habe, glaubt jedoch dem Propheten ein tieferes Ahnungsvermögen zugestehen zu müssen. Er spricht auch über die Travestie desselben, welche in dem sogenannten Vaticinium Simonis Speer vorliegt.

1848. (Schorn, prakt. Arzt in Breslau), Prophetische Geschichte des Klosters Lehnin und der Herrscher Brandenburgs vom Mönche Hermann. Nach einem Werke vom J. 1808 in ihrer Erfüllung geschichtlich nachgewiesen von Dr. S.

Breslau, Lucas, 1848, gr. 8. (72 S.)

Ungenaue, unwissenschaftliche Schrift, nach der Ausg. von 1808, kritisch widerlegt von Otto Wolff (1850).

1848. (**Wenner**, Dr. A.), Frater Hermann. Weissagungen über die Schicksale des Hauses Brandenburg. Herausgegeben von Dr. Arnold Rennew. Vierte unveränderte Auflage.

Münster. In Commission der Coppenrath'schen Buch= u. Kunst= handlung. 8. (24 S.)

„Habent sua fata libelli" — über den gegen den Herausgeber angestrengten Prozeß wegen B. 94: „Is rex — audet" (S. 3—6). — Vorrede (S. 7—8). — Text, Uebersetzung in Prosa und kurze Erläuterungen (S. 9—24).

1848. Wenner, Dr., Concept des Briefes an Se. Majestät Friedrich Wilhelm IV., betr. die Worte Frater Hermann's und die Weissagungen über den heiligen Papst und den großen Monarchen, von Dr. Wenner, 1846 den 21. November nach Berlin abgeschickt. Borken 1848. Gedruckt und zu haben bei J. W. Faßbender. (Preis geh. 1¼ Sgr.) 1 Bg. 8º.

Inh.: S. 2. Beatae Mariae, Virgini Patronae.

S. 3. Vorbericht.

S. 4. Allerdurchlauchtigster ꝛc. (der Brief).

S. 13. Anmerkung, das Ganze betr.

S. 14. Brüder! (Ansprache, sich um die politischen Fragen einig zu scharen, weil „der glorreiche Papst Pius, der lang Verheißene, sich an die Spitze der freien Bewegung der Völker gestellt hat und somit den Beweis liefert, daß die katholische Kirche nicht unfrei ist ꝛc." (!) Borken im März 1848. Dr. Wenner.)

1849. Beßkirch, Th. (Licent. der kathol. Theol.) Propheten= stimmen mit Erklärungen. Ein Kalender für unsere verhängnißvolle Zeit. Paderborn 1849.

Selbst ein Meinhold (Einl. S. 105) muß bekennen: „Beßkirch's Propheten= stimmen ermangeln fast aller Kritik".

1849. (**Honert**, W. S.), Prophetenstimmen. Die zukünftigen Schicksale der Kirche Jesu Christi im Buche der Weissagungen des Herrn und seiner Heiligen.

Regensburg, G. Jos. Manz, 1849.

„Der Verfasser schöpfte aus den — besten Quellen, wie aus der Apokalypse des heil. Johannes, unter Zugrundelegung der Erklärung des Bartholomäus Holz= hauser, aus den Offenbarungen der heil. Hildegardis, des h. Malachias(!), aus der Lehnin'schen und anderen Weissagungen, die sich größten Ansehens erfreuen".

Unkritische Sammlung im römisch=katholischen Sinn und Geist.

Die Weissagungen des heil. Malachias über die Päpste sind schon von Man= rique (s. oben S. 71) und 1691 vom Jesuiten Menestrier (S. 77) als unächt nach= gewiesen. Jr. Henkel (s. ob. 1745) giebt einen Auszug aus denselben, S. 225 bis 235. Abgedruckt sind sie vollständig bei Gfrörer (1840), Nr. 7.

— Zweite nach dem Tode des Verfassers von Th. Nißl besorgte und mit einem einleitenden Vorworte versehene Auflage. Ebenda 1875. 8.

1849. (Franke, St. M. A.), Die Lehnin'sche Weissagung kein Zeugniß gegen, sondern für Se. Majestät Friedrich Wilhelm IV. und für Preußens gesegnete Zukunft. Berlin 1849. 8. (16 S.)

1851. Franke, St. M. A., Dasselbe (mit dem Namen des Verfassers). Zweite vermehrte Auflage. Berlin 1851. 8. (29 S.)

1849. Gieseler, Dr. J. C. L. (Consistorialrath in Göttingen), Die Lehnin'sche Weissagung gegen das Haus Hohenzollern, als ein Gedicht des Abtes von Huysburg, Nicolaus von Zitzwitz, aus dem Jahr 1692 nachgewiesen, erklärt, und in Hinsicht auf Veranlassung und Zweck beleuchtet. Erfurt, bei Carl Villaret, 1849. gr. 8. (V u. 71 S.)

Inh.: 1. Die lateinische Urschrift (S. 1—4).
2. Uebersetzung (in Prosa) und kurze Erklärung (S. 5—14).
3. Neuere Verschiebung der Weissagungen vom großen Kurfürsten an (S. 15—18).
4. Ergebnisse und weitere Folgen (S. 18—21).
5. Ueber das allmälige Hervortreten und Bekanntwerden der Weissagung (S. 21—27).
6. Angaben über Abkunft und Erhaltung der Weissagung (S. 27—30).
7. Ueber die Zeit der Abfassung der Weissagung und ihre erste Verbreitung (S. 30—34).
8. Ueber die Zeitverhältnisse, aus welchen die Weissagung hervorgegangen ist (S. 34—42).
9. Frühere Vermuthungen über den Verfasser (Andr. Fromm, Mart. Fr. Seibel, Chr. H. Oelven) (S. 42—46).
10. Nicolaus v. Zitzwitz, Abt von Huysburg, der wirkliche Verfasser (S. 46—62).
11. Neuere Ausbeutungen und Beurtheilungen der Weissagung (S. 62 bis 69). (Schriften v. Dr. Wenner, Meinhold rc.)
12. Schluß (ein Wort von Leibnitz) (S. 69—71).

Dr. Gieseler, der hier den Abt v. Zitzwitz (sic!) frischweg „als den Propheten von Lehnin nachgewiesen" zu haben glaubt, hätte sich durch Küster (1759 s. b.), der es mit M. F. Seibel ebenso machte, warnen lassen sollen. Heutzutage läßt sich der Verfasser das Vaticinium so absolut nicht mehr nachweisen. Uebrigens ist Gieseler's Schrift eine gute wissenschaftliche Untersuchung. Ihm gebührt das Verdienst, das Vorhandensein des Vaticinium in Berlin im Jahre 1693 thatsächlich nachgewiesen und so der Kritik einen festen Standpunkt gegeben zu haben.

1849. Meinhold, Dr. Wilh. (evangelischer Prediger, seit 1851 Convertit), Weissagungen des Abtes (!) Hermann von Lehnin um's Jahr 1234 (!!) über die Schicksale des Brandenburgischen Regentenhauses, wie über den Beruf Friedrich Wilhelm's IV. zum deutschen Könige. Vorausgehend eine religionsphilosophische Einleitung über den

Begriff, das Wesen und die Unterschiede aller Weissagung in alter wie in neuer Zeit.

Leipzig, Verlag von Hermann Fritzsche, 1849.

(Zweiter Titel:)

Das Vaticinium Lehninense gegen alle, auch die neuesten Einwürfe gerettet, zum ersten Male (?!) metrisch übersetzt und commentirt von Dr. theol. Wilhelm Meinhold, evangel. Pfarrer, mehrerer gelehrten Gesellschaften Mitglied, Verfasser der Bernsteinhexe rc.

„Veritas, a quocunque dicatur, est a spiritu sancto". Luther. Mit einer Ansicht des alten Klosters Lehnin, nach Angelus' Annales Marchiae (!!)

Leipzig, Hermann Fritzsche, 1849. 8. (221 S.)

Inhalt: Einleitung: Über den Begriff, das Wesen und die Unterschiede aller Weissagung in alter wie in neuerer Zeit (§ 1—12, S. 1—140).

Vaticinium Lehninense, mit gegenüberstehender Uebersetzung in Versen (S. 141—155).

Erklärung der Weissagung (S. 156—219).

Nachschrift, betr. den Ursprung der Lesart: „Is rex", V. 94 der Weissagung (bei Dr. Wenner) (S. 220—221).

Druckfehler-Verzeichniß (2 Seiten).

Wie schon auf den Titeln des Buches vier Unwahrheiten stehen, so ist das ganze Werk voll absichtlicher bewußter Lügen und Fälschungen (s. auch oben bei Dlugossus, 1711). Das ganze Wesen, die ganze Lebensstellung Meinhold's war eine Lüge. — Auf keiner einzigen Handschrift wird Hermann als Abt bezeichnet, immer nur als Frater; nirgends steht die Jahrzahl 1234. Dr. Heffter, S. 60, weist aus Urkunden nach, daß 1234 der Abt von Lehnin Heinrich hieß. Es befindet sich bei Angelus weder irgend ein Bild noch eine Beschreibung des Klosters. Auch ist das Bild Meinhold's ganz falsch. Ebenso sind fast alle Citate falsch. Dieser M. hat von seinem ersten Auftreten an die Kritik verhöhnt, indem er seine „Bernsteinhexe" für eine aufgefundene Handschrift aus dem 17. Jahrhundert ausgab. Ebenso nannte er sich „evangelischer Pfarrer", da er im Herzen längst katholisch war. Das obige Werk krönte ein solches Leben!

— — 2. Aufl. Leipzig 1853 (als Supplementband zu den „Gesammelten Schriften" von W. Meinhold).

1850. Historisch-politische Blätter, herausgeg. von Görres und Philipps. München, Cotta. Bd. 25, Heft 5.

Jahrg. 1850, S. 272 u. ff. enth. eine Recension der Meinhold'schen Schrift, die „wegen ihrer schönen Erklärungen" natürlich in diesem ultramontanen Blatte auf das freundlichste begrüßt wird.

1850. Leipziger Repertorium rc. Jahrg. 1850, Febr., S. 165.

Recension des Meinhold'schen Werkes, von einem andern Standpunkt als die vorige; sie kommt daher auch zu ganz andern Resultaten: „Wir gestehen, daß wir in diesem Vaticinium durchaus die Merkmale der Prophetie nicht, sondern nur einen sehr beschränkten Standpunkt eines um seine weltlichen Vortheile besorgten

und die Begebenheiten höchst äußerlich nehmenden (dabei lieblosen) Mönchs er=
blicken können".

1849. Wunderbare Prophezeihung Hermann's von Lehnin über
das preußische Regentenhaus vom Jahr 1272 bis auf den jetzigen
König 2c., übersetzt und herausgegeben von O. P. — Simon Speer, seine
merkwürdigsten Prophezeihungen auf die frühere und jetzige Zeit über
Bayern und das bayerische Regentenhaus. (a) — Bericht über die bisher
bekannt gewordenen Prophezeihungen, sowie Vergleich der durch dieselben
vorher bestimmten Ereignisse.
Gladbach und Aachen 1849. 8.
— (2. Aufl.) Dieselbe mit dem weitern Zusatz bei (a): Spiel=
bähn, seine merkwürdigsten Prophezeihungen auf unsere Zeit. — —
Ebendas. 1850. 8.

1849. Schmidt, Dr. W. Adolf, Preußens deutsche Politik. Die
Drei=Fürstenbünde 1785, 1806, 1849. Berlin, Veit u. Co. 1849. gr. 8.
— — Dasselbe 2. Aufl. Ebenda 1850. gr. 8. (X und 190 S.)
S. 10 u. ff.: Wiederauftauchen und politischer Kern der Lehnin'schen Weissagung.
Der Verfasser betrachtet als ausgemacht, daß die Weissagung um das Jahr
1695 (?) wahrscheinlich in Berlin, verfertigt worden sei; — von wem? läßt er
unentschieden. Für den politischen Kern derselben hält er: 1) Haß gegen alles
Fremdländische, namentlich gegen das Franzosenthum; 2) Erbitterung über die
Perioden der Abhängigkeit der Brandenburgischen Politik von Oesterreich; 3) endlich
das Verlangen sowohl nach kirchlicher als nationaler Einheit Deutschlands. —
Schmidt übersieht nur, daß das Endziel der Lehnin'schen Weissagung der bevor=
stehende Sieg des römischen Papismus über den deutschen Protestantismus, und
zugleich die Unterwerfung Preußens und Deutschlands unter einen katholischen
Monarchen ist. Dadurch bekommt aber der Schmidt'sche Kern ein ganz anderes
Gesicht.

1849. Westphälische Volkshalle. 1849. Nr. 246.
Enthält eine Zusammenstellung der politischen Prophezeiungen, nach Anleitung
der Beylirch'schen Sammlung.

1849. Kölnische Zeitung, 1849. Nr. 4, vom 5. Januar.
„Israël audet scelus infandum — morte piandum" bedeutet die rohe Empörung
gegen das Haupt der katholischen Christenheit, die in den Augen des alten
Mönchs (!) sicherlich ein infandum scelus war" 2c.
— — 1849, Nr. 186—187.
Ein Artikel von Levin Schücking, betitelt: „Prophetenstimmen".

1849. Neue Preußische (†) Zeitung. Berlin, 1849. Folio.
Erstes Halbjahr.
Nr. 54. Dienstag, 6. März, Beilage, S. 443: Artikel von Dr. Wilh. Mein=
hold — wider Prof. Dr. Giesebrecht.
Nr. 64: Antwort von Prof. Giesebrecht.

Nr. 65: Antwort von Trahndorff. (S. 525.) Derselbe hält das Vaticinium für ein Werk des Lügengeistes, nach Apostelgesch. XVI, 16—18.

Nr. 72, Beilage, S. 582: Entgegnung von Meinhold, voll Beleidigungen und Verdächtigungen gegen Prof. Giesebrecht.

Nr. 74, Beilage: Würdige Schluß=Antwort von Giesebrecht.

In Nr. 72 will Meinhold unter Anderm den Nachweis des höheren Alters der Weissagung dadurch führen, daß der Canzelei=Actuarius Hainno Flörcke in seiner in Berlin 1620 in der Runge'schen Druckerei im grauen Kloster (in 2. Aufl. 1645 in der Kallischen Buchhandlung) erschienenen Schrift bereits der Lehnin'schen Weissagung gedenke. Aber — abgesehen davon, daß die dort angeführten Stellen dieser Weissagung ganz andere sind, als die des gegenwärtigen Textes, so ist die Hainno Flörcke'sche Geschichte nicht weniger räthselhaft als die des Mönchs Hermann. — Giesebrecht, Guhrauer und Hilgenfeld haben wahrscheinlich gemacht, daß der Actuar Hainno Flörcke und sein Dom=Küster erfundene Figuren seien, die man gleich nach Bekanntwerdung der Lehnin'schen Weissagung, zur Paralysirung ihres Geistes, derselben gegenüber gestellt habe. Denn von solchen Berliner Drucken von 1620 und 1645 ist keine Spur aufzufinden, ebensowenig von den Versen, in welche diese Prophezeiungen von Bartholomäus Ringwaldt, einem sonst bekannten, aber schon 1600 gestorbenen Dichter, im Jahre 1620 gesetzt worden sein sollen. (S. oben S. 26.) Zuerst gedruckt sind diese Berliner Prophezeiungen in den beiden „Wahrsagern" von 1741 (Preuß. Wahrf., S. 10 ff., und Europäischer Staatswahrsager, S. 168). — Eine Runge'sche Druckerei (officina Rungiana) existirte 1670 in Berlin, ob auch schon 1620, ist zweifelhaft.

1850. Göttinger gelehrte Anzeigen rc. 1850. Nr. 200—204. 1851. Stück 86.

Artikel über die Lehnin'sche Weissagung, von Dr. Gieseler verfaßt.

1850. Blackwood's Edinburgh Magazine. May 1850.

Enthält einen Artikel über die Lehnin'sche Weissagung, der dieselbe für ächt hält und eine Art prophetischer Vision bei ihrem Urheber als ausgemacht annimmt. Vergl. die Grenzboten. Zeitschrift. Leipzig 1850. Nr. 25, S. 48.

1850. Bouverot, Louis, Offener Brief an Se. Majestät den jetzt regierenden König von Preußen, Friedrich Wilhelm IV. und an alle Nichtkatholiken Europa's, in welchem dieselben an die nothwendige Einkehr in den Schooß der katholischen Kirche gemahnt werden bei Gefahr furchtbarer Kriege, Hungersnoth, Krankheiten, schrecklicher Strafgerichte in der Zukunft, und bei Verheißung herrlicher Vortheile, mit Bezug auf die Offenbarungen der heil. Hildegard, welche vom Papste Eugen III. im Jahre 1148 geprüft und auf dessen Befehl schriftlich aufgesetzt wurden.

Düsseldorf, Kampmann, 1850. gr. 16°. (23 S.) 2½ Sgr.

Der Verf. scheint in dieser seiner letzten Schrift schon halb verrückt geworden zu sein.

1850. Guhrauer, Dr. G. E. (Professor an der Universität zu Breslau). Die Weissagung von Lehnin. Eine Monographie.

Breslau, Verlag von Paul Theodor Scholz, 1850. gr. 8. (III und 228 S.)

Motto: „— Porro dici non potest, quantum haec curiositas cognoscendi futura et occulta, et miracula videndi vel faciendi, fefellerit plurimos et a vera religione frequenter averterit. Hinc superstitiones in populis, quae Religionem inficiunt Christianam. Dum, sicut olim Iudaei, sola signa quaerunt .... dum insuper hominibus necdum canonicatis, scriptis quoque non authenticis, plus quam scriptis in Evangelio praestant fidem". (Joannis Gersonis, Cancellarii Parisiensis, dissert. de probatione spirituum deque visionibus ac revelationibus novis caute dijudicandis. In Constantiensi Concilio A. 1415 die S. Augustini edita. Cfr. Herm. v. d. Hardt, Rerum concil. oecun. Constant. T. III. part. XII, pag. 35.)

Gründliche Kritik und wissenschaftliche Untersuchung, vor der man allen Respekt haben muß! Der Verfasser geht in seiner Beweisführung auf objectivem Wege mit der strengsten Prüfung jedes einzelnen Falles vor; er gelangt aber zu demselben Resultate, wie seine Vorgänger Weiß, Küster, Schmidt, Wilcken, Giesebrecht, Gieseler und Wolff, daß nämlich das sogen. Vaticinium ein unechtes Machwerk vom Ende des 17. Jahrhunderts sei. Ein schöner neuer Gedanke Guhrauer's ist der: „Das Volk kann ohne Weissagungen so wenig leben wie ohne Sagen; beide stammen aus derselben Wurzel seines Gemüths, seines Glaubens, seiner Poesie. Der großen Kette von Sagen im Volke, welche nach einer dunkeln Vergangenheit zurückweisen, entspricht vielleicht eine ebenso große und continuirliche Kette von Weissagungen, durch welche das Volk sich seine Hoffnungen, Ahnungen und Wünsche objektivirt und welche bald an die apokalyptischen Bücher der heiligen Schrift, bald an jüngere, theils echte, theils untergeschobene Gesichte und Prophezeiungen sich knüpfen und durch das religiöse Bekenntniß, durch Nationalität, ja durch Lokalität, mannichfache Gestalt und Färbung annehmen. Wenn nun in unseren Tagen überall die Sagen im Munde des Volkes als Trümmer und Bruchstücke untergegangener Schöpfungen von Religion und Poesie gesammelt und aufbewahrt werden, warum sollten nicht die unzähligen, den verschiedenen Zeitaltern eigenthümlichen Weissagungen als dankbarer Stoff für die Wissenschaft herangezogen

7 *

und mit Schonung und Liebe behandelt werden?" In diesem pietätvollen Sinne weist G. jeden Versuch, der mehr als bloße Hypothese sein soll, den eigentlichen Verfasser des Vaticinium Lehninense herauszubringen, zurück. Nun — so schön und wahr wir auch den obigen Gedanken im Allgemeinen anerkennen müssen, können wir doch keinerlei Anwendung desselben auf den speciellen Fall des Vaticinium Lehninense zulassen. Dieses Machwerk, in seinem bittern Haß nicht allein gegen die Reformation, sondern auch gegen das Fürstengeschlecht der Hohenzollern, welches zuerst die Mark Brandenburg, dann Preußen, dann Teutschland emporgehoben und groß gemacht hat, ist ganz gewiß nicht das Ergebniß des Gemüths, des Glaubens und der Poesie im Volke, sondern ganz sicher das Produkt des Fanatismus, des blinden Pfaffengeistes und des Rachegefühls einer Partei oder eines Einzelnen, nach welchem eine Forschung daher wohl erlaubt ist, — auch der Wissenschaft. Das hat auch wohl Dr. Guhrauer eingesehen und darum den Pater Friedrich Wolff als denjenigen aufgestellt, welcher nach seiner Meinung die Prophezeiung zu Tage gefördert hat, — freilich nur als Vertreter und Typus einer Macht oder Partei nämlich der österreichischen Jesuiten! —

Dem obigen Gedanken Prof. Guhrauer's entspricht folgender geistreiche Aus= spruch Goethe's: „Tiefe Gemüther sind genöthigt, in der Vergangenheit sowie in der Zukunft zu leben. Das gewöhnliche Treiben der Welt kann ihnen von keiner Bedeutung sein, wenn sie nicht in dem Verlauf der Zeiten bis zur Gegenwart ent= hüllte Prophezeiungen und in der nächsten wie in der fernsten Zukunft verhüllte Weissagungen verehren. Hierdurch entspringt ein Zusammenhang, der in der Ge= schichte vermißt wird, die uns nur ein zufälliges Hin= und Widerschwanken in einem nothwendig geschlossenen Kreise zu überliefern scheint. Die Weissagung pflegt solchen Gemüthern am meisten zuzusagen, in dem sie die zwei entgegengesetztesten Eigenschaften des menschlichen Wesens zugleich in Thätigkeit setzt — das Gemüth und den Scharf= sinn." (Goethe's f. Werke in 40 Bdn. 1856. Bd. XXI, S. 74.) Unser großer Dichter giebt uns damit eine Erklärung, wie es möglich war, daß die Lehninische Weissagung, die doch bald (schon 1746 von Weiß und 1759 von Küster) als Fälschung erkannt worden war, dennoch fortleben und bis heute Gemüther in Be= wegung setzen konnte. Daß „tiefe Gemüther" ihrer Lust oder ihres historischen Be= dürfnisses wegen (als „lusus ingenii"?) auch Weissagungen fälschen, sagt Goethe nicht.

1850. **Hansen,** Joh. Ant. Jos. (kathol. Pfarrer zu Ottweiler), Der Morgenstern der religiösen und politischen Wiedergeburt Deutsch= lands, oder prophetische Stimmen über unsere Gegenwart und Zukunft, kurz zusammengestellt. Trier, 1850. Verlag von F. A. Gall. gr. 8.

Erschien in Folge der Schrift des Dr. Meinhold und stimmt diesem in Allem bei. Dieser Morgenstern ist daher nur ein Irrstern. — Der Verfasser hat unter Anderem auch einen Bericht über die wunderbaren Heilungen des heil. Rockes von Trier, und andere dergleichen abergläubische Schriften geschrieben. Es ist daher nicht zu verwundern, daß er die willkürlichen und unbewiesenen Behauptungen Mein= hold's ohne jede Kritik gläubig hinnahm.

— Dasselbe, 2. verm. und verbesserte Aufl. Trier, ebenda, 1854. gr. 8. (VI und 68 S.)

1850. **Roesch,** Eduard, Hermann's von Lehnin Weissagung über das Brandenburgische Haus, nach dem Exemplare aus der Abtei Benediktbeuren (?) historisch und kritisch zum erstenmale (!) vollständig entwickelt. Stuttgart, 1850. Verlag von J. Scheible, 12°. (266 S.)

Inhalt: Vorwort. — Vaticinium F. Hermanni, Monachi Lehninensis Ordinis Cisterciensis, de Domo Brandenburgica (S. 5—11). — Weissagung des Bruders Hermann, Lehniner-Mönchs vom Cisterzienser-Orden über das Brandenburgische Haus (S. 11—17) (Uebersetzung in Hexametern). — Erklärung (S. 18 bis Schluß).

Der Verfasser ist ein fanatischer Demokrat von der äußersten Linken und polemisirt in Prosa und Gedichten stark gegen Friedrich Wilhelm IV. von Preußen. Das Buch ist deshalb s. Z. in Preußen verboten worden. - Vergl. auch oben S. 65.

1850. Weber, Dr. (!) Gottfried, Die bevorstehenden großen Ereignisse des Herbstes 1850. Zusammengestellt aus den hinterlassenen Papieren (!!) des Propheten Hermann von Lehnin ꝛc.

Coblenz, 1850. 12°.

Eine Schrift, die man sehen muß, um — daran zu glauben!

1850. Wolff, Otto (Pastor und Superintendent in Grünberg), Die berühmte Lehnin'sche Weissagung über die Schicksale der Mark Brandenburg und des Hauses Hohenzollern, deren Entstehung, Verfasser, Bekanntwerbung, Bedeutung und Inhalt, wie auch die darüber aufgestellten älteren und neueren Hypothesen historisch-kritisch beleuchtet, gewürdigt und erklärt.

Grünberg, Druck und Verlag von Fr. Weiß, 1850. gr. 8. (IV u. 181 S.)

Inhalt: 1. Wann, wie und wo kam der Text der sogen. Lehnin'schen Weissagung zuerst zum Vorschein? (S. 1—25.)

2. Kann ein Mönch Hermann, welcher im 13. oder 14. Jahrhundert im Cistercienser-Kloster Lehnin gelebt haben soll, Verfasser des jetzigen Textes der ihm zugeschriebenen Weissagung sein? (S. 25—66.)

3. Was giebt der uns vorliegende Text Lehnin'schen Weissagung über die Persönlichkeit des Verfassers im Allgemeinen, und über die Zeit, in welcher er gelebt haben muß, deutlich zu erkennen? (S. 66—86.)

4. Wer war, aller Wahrscheinlichkeit nach, der eigentliche Verfasser des jetzigen Textes der sogen. Lehnin'schen Weissagung? (S. 86—105.) (Als dieser Verfasser wird Andreas Fromm erklärt.)

5. Kann der Abt des Benediktiner-Klosters Hutzburg, Nicolaus v. Zitzwitz, um 1692, den jetzigen Text der Weissagung verfaßt haben? (S. 105—123.)

6. In wiefern kann das Werk als eine Weissagung angesehen werden, und wie weit erstreckt es sich, wenn es als solche angesehen wird? (S. 123—137.)

7. Text, Uebersetzung (in Prosa) und Erklärung. (S. 137—176.)

8. Nachschrift (über Dr. Wilh. Meinhold u. s. Schrift). (S. 176—180.)

Gründliche, umfassende und scharfsinnige Untersuchung, besonders in Bezug auf historische Erklärung, resp. Widerlegung des Vaticinium.

1851. Heffter, Dr. M. W. (Prorector in Brandenburg), Die

Geschichte des Klosters Lehnin. Nach meist unbekannten urkundlichen Quellen zusammengestellt. Nebst einem Anhange, worin die „Lehnin'sche Weissagung" und die „Regesten" des Klosters (nebst einer Kupfertafel, den Grundriß und zwei Siegel des Klosters Lehnin enthaltend).

Brandenburg 1851. Druck und Verlag von Adolph Müller. gr. 8. (IV u. 128 S.)

Enth. Vorrede. — S. 1—92: Die Geschichte des Klosters Lehnin in 7 Abschnitten (darin auch S. 60—61 die Reihe sämmtlicher lehniner Aebte, von 1180 bis 1542). — S. 93—103: die sogenannte lehninsche Weissagung. Text nach Guhrauer und Uebersetzung gegenüber in Prosa, mit kurzen Noten. — S. 103—116: Ueber Handschriften, Literatur und Werth des Vaticinium. — S. 117—127: Regesten des Klosters von 1180—1547. — S. 128: Erklärung des Grundrisses.

Gründliche quellenmäßige Schrift. — Heffter hält den Berliner Kammergerichtsrath Martin Friedr. Seybel (sic!), aus dessen Hause nachweislich das Vaticinium in Abschriften seine erste Verbreitung fand, für den Verfasser, und bleibt (in den Märk. Forschungen, 1857) auch nach Gieseler, Wolff, Guhrauer bei dieser Ansicht stehen. Das Jahr der Abfassung ist ihm 1693. Eine Recension der Schrift, verfaßt von Dr. Gieseler, s. Göttinger gelehrte Anzeigen, 1851, Stück 86.

1853. Serapeum, Zeitschrift für Bibliothekswissenschaft, Handschriftenkunde und ältere Literatur, herausgegeben von Dr. Rob. Naumann. 1853 (Jahrg. 14.). Nr. 13 vom 15. Juli. S. 197—207.

Ueber die Handschriften des Vaticinium. Von Dr. M. W. Heffter. 1854 (Jahrg. 15). S. 12—15: Ueber die Handschrift des Vaticinium in der Königl. Bibliothek zu Dresden. Von E. G. Vogel in Dresden.

Nach Heffter giebt es nur 16 Handschriften: 5 in Berlin, 4 in Dresden, 3 in Göttingen, 1 in Wolfenbüttel, 1 in Breslau, 1 in Würzburg und 1 in Dillenburg. Denen mit der deutschen Uebersetzung und mit deutschen Noten liegt der Beckmannsche Text, denen mit französischer Uebersetzung und mit französischen Noten der Text des A. des Vignoles, — allen aber der Urtext, das Urexemplar Mart. Friedr. Seidel's zu Grunde. Vielleicht ist das 1. Göttinger Manuscript das Urexemplar(?) —

1857. Märkische Forschungen, herausgegeben von dem Vereine für Geschichte der Mark Brandenburg. Berlin 1857. Ernst & Korn (Gropius'sche Buch- und Kunsthandlung). gr. 8.

Bd. V (279 S.). Darin (2. Aufsatz) S. 17—46.

Berichtigungen und Ergänzungen zu seiner Geschichte des Klosters Lehnin. Von Prof. Dr. M. W. Heffter.

1857. Scholz, Franc. Paul. (S. S. Theologiae Licent. et praeceptor religionis in gymnasio ad St. Matthiam Vratislav.)

De origine nominis יהוה dissertatio, quam reverendissimi theologorum catholicorum ordinis auctoritate pro venia in Universitate litterarum Vratislaviensi privatim docendi rite impetranda scripsit — —.

Vratislaviae, ap. Jos. Max et comp. a. 1857. 8. (34 pag.)
In parte altera cap. 1: „De deductione et de vera pronuntiatione nominis"
(§§ 12, 13.) „Quod enim ad historiam pronuntiationis hujus nominis „Jehova"
attinet, de qua praecipue XVII. et XVIII. saeculo doctis viris magnum inciderat
certamen (cf. Decas exercitationum philologicarum de vera pronuntiatione
nominis Jehova, c. praef. Adr. Relandi), pronuntiationem illam „Jehova"
omnino modo inde a XVI. saeculo inveniri, compertum habemus *), quum auctor
hujus recentioris prolationis Petrus Galatinus, professor philosophiae et
theologiae, sub Leone X. Romae vivens, secundum opus contra Judaeos
ab eo scriptum („de arcanis catholicae veritatis", lib. II, c. 19), sit habendus.
Haec enim Relandus dicit in praefat. pag. 13: „Nam verum quod est, novum
esse non potest. Vetustissimum enim, quod est verissimum. Neque Galatinus, pater vulgatae lectionis, inter veteres numerari potest, quum sit
auctor recentior; nam avorum memoria vixit in Italia. Ante illum inauditum
fuit nomen Jehova. Nam antiquior eo, quo sciam, nemo ejus invenitur." Quamquam priore tempore nonnulli hanc pronuntiationem primariam defendere
conati sunt, tamen tam gravibus certisque argumentis jam refutata est, ut his
temporibus perpauci eam consequantur," etc. —

Auch dieser katholische Schriftsteller bestätigt zum B. 63 des Baticinium, daß
der Name Jehova, der ebenso philologisch, wie patristisch und kirchlich unrichtig
ist, nicht vor 1525 im Gebrauch war, die sogen. Weissagung des Bruder Hermann
daher nicht im 13., 14. oder 15. Jahrhundert verfaßt, also echt sein kann.

1859. **Rütjes,** Dr., Geschichte des brandenburgischen Staates.
Schaffhausen, Herder, 1859.
Darin auch (S. 95 u. ff.) über die Lehninsche Weissagung vom katholischen
Standpunkte.

1860. von **Kollberg,** Dr. J. B., Die Weissagungen Hermann's
von Lehnin über die Geschicke Preußens. Rücksichtlich der Vergangen=
heit als geschichtlich erfüllt nachgewiesen und rücksichtlich der Zukunft
durch andere Weissagungen und politische Betrachtungen beleuchtet.
Tuttlingen, 1860. Verlag von E. L. Kling's Buchhandlung. 8.
(32 S.)

1861. [von **Kollberg,**] Dr. J. B., Die Weissagungen Hermann's
von Lehnin über die Geschicke Preußens und Deutschlands. Geschicht=
liche Nachweisung der Erfüllung obiger Weissagung in einer gedrängten
Uebersicht der preußischen Geschichte. Zweite umgearbeitete Auflage.
Tuttlingen 1861. Verlag von E. L. Kling's Buchhandlung. 8.
(29 S.)
Nach gütiger Mittheilung der Verlagshandlung ist der Verfasser der (inzwischen
als kathol. Stadtpfarrer zu Heilbronn verstorbene) Dr. Jordan Bucher, zur Zeit
der Herausgabe Präceptor und Kaplan in Saulgau, wohnhaft auf dem sogen.
Kollberg in Saulgau.

*) Cornelius a Lapide († 1637) (in exod. VI. 3): „Recentiores aliqui a centum annis
hoc nomen juxta puncta, ei a Masorethis subjecta, pronuntiant „Jehova".

Inhalt: Einleitung (voller Irrthümer) (S. 3); — Vaticinium Fratris Hermanni de Lehnin, mit gegenüberstehender Uebersetzung nach J. Booft, mit wenigen Abänderungen (S. 4—9); — Geschichtliche Nachweisung der Erfüllung obiger Weissagung (S. 10—19); — Politische Betrachtungen über Gegenwart und Zukunft (S. 19—32). Durchaus katholisch=österreichische, preußenfeindliche An= schauung. — Fr. Hermann war nach diesem Verf. zwischen 1234—1243 Abt des Klosters Lehnin und die Weissagung schon 1322 mehrfach verbreitet(?) ꝛc. Der 2. Aufl. ist eine kurze „Vorrede" beigefügt und die politischen Betrach= tungen sind, infolge der Thronbesteigung König Wilhelm's I. von Preußen, etwas verändert.

1862. v. Scharff=Scharffenstein, Herm., Die Weissagung des Abtes(!) Hermann von Lehnin, frei in gebundener Rede (in selbst ge= reimten Jamben) übersetzt, mit historischen Erläuterungen und Deutungen, sowie mit einem Vorworte versehen.

Motto: „Sincère dans mes attachements,
Franc et hautain dans mes inimitiés."

Hanau, Friedr. König's Verlag, 1862. gr. 8. (VI u. 22 S.)

Inhalt: Vorrede (S. III—VI). — Vaticinium mit nebenstehender Uebersetzung und darunter gedruckten historischen Anmerkungen (S. 1—22). — Der Herausgeber ist ein Katholik und großer Judenfeind. Die Einleitung ist voll historischer Un= richtigkeiten, obgleich er Heffter kennt und citirt. „Der Verfasser der Weissagung, Abt Hermann v. Pritzwalk, lebte 1272—1339 (vergl. oben I. Theil, sub Nr. X.); sie wurde 1617 von Bauern in den Gewölben der Klosterkirche aufgefunden, und von M. Lilienthal zuerst veröffentlicht u. dergl."

1865. Riesel, Carl (Lehrer in Berlin), Ausflüge und Ferien= reisen in die märkische Heimath. V. Potsdam und Umgegend, Kloster Lehnin und Brandenburg. Berlin 1865. Carl Heymann's Verlag. 12°. (155 S.)

Ueber Kloster Lehnin S. 106—115. — Enthält Einiges über die Gründung des Klosters, über die Ermordung des ersten Abtes Sebaldus, über den spätern Reichthum des Klosters ꝛc.; — über die Lehnin'sche Weissagung aber sonderbarer Weise kein Wort! Der Verfasser scheint von ihr Nichts zu wissen.

1866. Morgenstern, Dr., Cand. rev. Ministerii, Des Bruders Hermann von Lehnin Einhundert Prophezeiungen über die Schicksale und Zukunft Preußens und Deutschlands, von denen 92 Prophezeiungen bereits buchstäblich in Erfüllung gegangen und die Erfüllung der letzten acht aller Wahrscheinlichkeit nach in nächster Zeit bevorsteht. „Verachtet die Prophezeiungen nicht, prüfet Alles, was gut ist, behaltet! Paul. C. 5. V. 20.

Aus dem im 13. Jahrhundert verfaßten lateinischen Urtext des Klosters Lehnin wortgetreu übersetzt und mit geschichtlichen Erläuterungen versehen. Preis 2½ Sgr.

Leipzig 1866. Gustav J. Purfürst. 8. (44 S.)
4. Aufl. ebenda. 8. (32 S.)

Die Uebersetzung ist der der Leipzig=Düsseldorfer Ausg. (von Kinblinger und Kiefer) wörtlich entnommen.

V. 94 bedeutet diesem Verf. die That des jungen Blind!

V. 95 ff. eine goldene Zeit der religiösen Gewissensfreiheit. „Es liegt ja in der Möglichkeit, daß die katholische Kirche eine dem Geist der Zeit angemessene Umwandlung erfährt und so die ihr entfremdeten Herzen dadurch wieder gewinnt, mithin auch die Clerisei in der Achtung des Volkes wieder steigt. Wer ist aber der Wolf, der. dem edlen Schafstall nicht mehr nachstellen, der das deutsche Volk nicht mehr beunruhigen wird? Dazu ist nöthig, daß der letzte Entschluß und Wille stets vollgültig und kräftig von dem Volke ausgehen. Kein Despotismus, kein Herrschergelüste mehr! — Dann das goldene Zeitalter, — eine friedliche und frei= heitliche Entwickelung!" —

1866. Prophezeiung über die Geschicke von Preußen und Deutsch= land aus dem 13. Jahrhundert. Von Herrmann, Abt(!) zu Lehnin. Aus dem Lateinischen übersetzt und mit den Belegstellen aus der preu= ßischen Regentengeschichte neu herausgegeben im Jahre des Heils 1866. Auflage 50,000.

Celle. Verlag der Schulze'schen Buchhandlung. (Jeder Nachdruck wird mit allen gesetzlichen Mitteln verfolgt. (!) 8⁰. (15 S.)

Kurze Einleitung. Freie Uebersetzung in Prosa, untermischt mit kurzen Er= klärungen. — Alles aus ähnlichen Schriften abgeschrieben!

1867. Warnefried, C. B. A., Merkwürdige Gesichte, Pro= phezeiungen und göttliche Offenbarungen über Kirche und Staat, nament= lich über Deutschland, Frankreich, Italien und Rom.

Regensburg, bei G. J. Manz, 1867. 8.

Enth. auch die Prophezeiungen des Frater Hermann von Lehnin 2c. Das Buch ist ganz im römisch=katholischen Geiste geschrieben.

1869. Das Buch der Wahr= und Weissagungen. Eine voll= ständige Sammlung aus den Schriften aller wichtigen Propheten und Seher der Gegenwart und Vergangenheit, namentlich aus jenen von Barthol. Holzhauser, Hermann von Lehnin, Simon Speer, Spiel= bähn, Ludmilla Ehmel, Cardinal La Roche und vieler Andern, mit Vor= hersagungen über Oesterreich, Preußen, Frankreich, Italien, England, Rußland, Polen, Dänemark, Deutschland u. s. w. nebst auffallenden Ver= gleichungen und eigenthümlichen Berechnungen.

Zweite sehr vermehrte und verbesserte Auflage. 2 Bde. (Erste Auflage 1849.)

Regensburg, G. Jos. Manz, 1869. gr. 8.

1870. Das Büchlein der Zukunft, oder die wichtigsten und interessantesten Prophezeiungen über Preußen, Bayern, Deutschland und

Frankreich, sowie über den Ausgang des gegenwärtigen Krieges. Aus den Schriften hocherleuchteter und erfahrener Männer, wie Bartholomäus Holzhauser, Hermann von Lehnin, Bauer Jasper, La Roche und vieler Anderer zusammengestellt.

Regensburg, Druck u. Verlag von G. J. Manz 1870. 8. (44 S.)
Ueber Hermann von Lehnin S. 19—23, 30—32.
Dasselbe, Zweite (unveränderte) Auflage.
Regensburg, ebenda 1870. 8. (44 S.)

1872. Berliner Bonifacius-Kalender. X. Jahrg. 1872. Berlin.
Darin ein Artikel: die Weissagung des Bruders Hermann von Lehnin, von (dem Geistl. Rath) A. Müller, selbstverständlich mit allen Irrthümern und Ver= drehungen.

1873. (Firnstein, J., Beneficiat in Ebrantshausen, Bayern), Des Hermann von Lehnin Schicksale Preußens durch Gottes=Fügung.
Regensburg, Druck u. Verlag v. G. J. Manz. 1873. 8. (69 S.)
Enthält: Vorwort, unterzeichnet J. F. — Vaticinium Lehninense. Die Lehnin'sche Weissagung (Text, Uebersetzung in Prosa und Erklärung, mit chronolog. Regenten=Verzeichnissen, und Lesarten).
(— —) Des Hermann von Lehnin Weissagung über Preußens Schicksale. Zweite umgearbeitete und vermehrte Auflage.
Regensburg, ebenda. 1873. 8. (81 S.)
Inhalt ders.; doch hat der Verfasser indeß weitere Studien gemacht!
— — Derf. Titel. Dritte umgearbeitete und vermehrte Auflage.
Regensburg, ebenda. 1876. 8. (90 S.)
Der Verfasser hat sich auf dem Titel dieser Auflage genannt. — Bis S. 64 ist sie mit der vorigen ganz gleichlautend; erst von Bogen 5 -- Schluß sind einige unbedeutende Veränderungen eingetreten. Der Verfasser nennt den Schmieder der sogenannten Weissagung stets „den Seher" oder den „Lehninschen Propheten", obgleich er Weiß, Giesebrecht, Guhrauer, Wolff ꝛc. kennt und selbst zugiebt, daß das Machwerk nicht vor 1551 entstanden sein kann. — Auch dehnt er auf seinem Prokrustesbette die Prophezeiungen bis auf Wilhelm I. aus. Uebrigens ist das Büchlein so objectiv gehalten, als es einem katholischen Priester möglich ist.

1873. Fontane, Th., Wanderungen durch die Mark Branden= burg. Dritter Theil: Ost=Havelland. Die Landschaft um Spandau, Potsdam, Brandenburg. Berlin, bei W. Herz, 1873. gr. 8. (VIII u. 460 S.)
Darin ein Abschnitt über das Kloster Lehnin und die Lehnin'sche Weissagung.

1874. „Germania" (Ultramontane Zeitung). Berlin 1874. Folio.
Nr. 45 vom 25. Febr. Zu dem Briefe des Kaisers Wilhelm an Lord Russel vom 18. Febr. wird hämisch bemerkt: „Bei der Lektüre dieses Schreibens fiel uns eine Stelle der Lehnin'schen Weissagung ein [nämlich V. 94]. Der Rest ist Schweigen".

Nr. 60. Beweis, daß Wilhelm I. nicht schon der 13., sondern genau der 11. protestantische Fürst aus dem Stamme der Hohenzollern sei (also derjenige, welchen das Vaticinium als Ultimus bezeichnet). Dies wird so gemacht, wie Firnstein 1873 mit den 11 Stemmata bereits ausgeführt hat (s. oben sub. I. S. 46 u. 47).

Nr. 209 vom 14. Septbr. Ueber den Wiederaufbau der ehemaligen Klosterkirche von Lehnin zu einer protestantischen Kirche, auf Befehl des Kaisers Wilhelm aus Versailles vom 18. Januar 1871.

Nr. 214, erste Beilage. Den unsagbaren todeswürdigen Frevel Israël's, von welchem der Lehninsche Prophet V. 94 singt, soll man als den Kampf gegen — Gott verstehen, der im deutschen Culturkampfe ausgebrochen sei. Der Protestantismus, d. h. derjenige, wie er seiner Zeit unter Joachim II. eingeführt worden, sei unter dem Stemma: Friedr. Wilhelm IV. und Wilhelm I. bereits zu Grunde gegangen. — Die neue Dehnungs-Idee von Nr. 60 wird weiter ausgeführt. (Polemik wider die „Kreuzzeitung".)

Nr. 218. Da in den zwei letzten Jahrhunderten alle Vorhersagungen des Vatinium eingetroffen seien(?), so könne dasselbe nicht das Werk eines Schalks oder Narren sein, es müsse ihm vielmehr ein höheres als bloß menschliches Wissen zu Grunde liegen und es sei somit auch kein inneres Motiv mehr vorhanden, die Zeit des Ursprunges nicht noch früher zu datiren ec. — Man sieht, für solche Leute haben Giesebrecht, Guhrauer, Wolff, Hilgenfeld nicht geschrieben; für sie existirt in Bezug auf Glaubenssachen keine Kritik. „Credunt, quia absurdum."

1874. National-Zeitung. Berlin 1874. Nr. 123.
Aufsatz von Prof. Dr. Hilgenfeld in Jena wider einige Bemerkungen der ultramontanen „Germania", die Lehnin'sche Weissagung betr.

1875. Hilgenfeld, Dr. Adolf (Prof. der Theologie in Jena), Die Lehninische Weissagung über die Mark Brandenburg, nebst der Weissagung von Benedictbeuren über Baiern. Untersucht, herausgegeben und erklärt. Leipzig, Verlag von Veit & Comp. 1875. gr. 8. (VII u. 127 S.)

Enthält: Vorwort. Einleitung. Die ersten Spuren der Lehninischen Weissagung. Die Handschriften. Die Weissagung unter Friedrich I. und Friedrich Wilhelm I., unter Friedrich II. und Friedrich Wilhelm II., unter Friedrich Wilhelm III. und Friedrich Wilhelm IV. und unter Wilhelm I. — Das Vaticinium Lehninense (Text und Varianten). — Erklärung des Vaticinium. — Ergebniß. — Das Vaticinium Benedicto-Buranum.

Tüchtige und umfassende wissenschaftliche Untersuchung. Der Verfasser hält den Convertiten Andreas Fromm für den Urheber des Vaticinium und glaubt, daß dasselbe noch in den letzten Jahren des großen Kurfürsten (ca. 1682—85) nach Berlin gebracht sei.

Recension s. Daheim, 12. Jahrg. 1876, Nr. 6, S. 96. —

1876. Ueber Land und Meer. Allgemeine Illustrirte Zeitung. 18. Jahrgang 1876. Nr. 36—38. Stuttgart, Hallberger, gr. Folio. S. 718 u. ff. „Die Weissagung des Abtes (!) von Lehnin."

Unglaublich oberflächliche und unkritische Darstellung eines unwissenden, wahrſcheinlich katholiſchen Penny=a=liner's, für den Männer, wie Weiß, Küſter, Willen, Gieſeler, Gieſebrecht, Guhrauer, Wolff, Hefftter, Hilgenfeld, kurz alle gründlichen Schriftſteller über das Vaticinium nicht exiſtiren. Dafür nennt er das als überall tendenziös unwahr erwieſene Buch von Wilh. Meinhold „eine ſehr gelehrte Schrift“! Der Verfaſſer will nach angeblich „im Geheimen Staatsarchiv zu Berlin befindlichen handſchriftlichen Akten über die äußere Ge- ſchichte des prophetiſchen Dokuments“ (!!) geſchrieben haben. (Solche Akten exiſtiren nicht.) Darnach iſt eine alte Handſchrift der Weiſſagung (wohl auf Perga- ment?!) im Jahre 1617 (!) von zwei Lehniner Bauern im Gewölbe der Kloſter- kirche aufgefunden und vom Kurfürſten (Johann Sigismund?) an die Bib- liothek der Dreifaltigkeitskirche übergeben worden; — darnach hat der Königsberger Theologe Michael Lilienthal im Jahre 1723 in ſeinem (!) gelehrten Werke: „Das gelahrte Preußen“ die Weiſſagung zuerſt abgedruckt; — darnach war der Verfaſſer derſelben ein Abt, und zwar Hermann von Prißwalk (um 1330), der „urkundenmäßig“ (!) von 1272—1339 (alſo 67 Jahre lang!!) Abt des Kloſters Lehnin war; — darnach ſind die Verſe vom erſten bis zum letzten wirkliche den künftigen Ereigniſſen vorausgegangene Prophezeiungen; — darnach haben die Mönche von Lehnin ſich dem Markgrafen Albrecht Achilles widerſetzt; auch das alte Märchen von der Zugbrücke (die den Oertlichkeiten widerſpricht) wird zu V. 40 wieder aufgewärmt; — darnach war Joachim Friedrich (V. 60) der erſte Kurprinz, der in Berlin geboren war (natus in Urbe); — darnach war der Pfalzgraf von Neuburg, der von Georg Wilhelm einen Schlag erhielt (V. 65), damals in Berlin anweſend; — darnach beziehen ſich die Verſe 81—84 zweifelsohne auf Friedrich den Großen; — darnach werden die 11 Stemmata bis auf den jetzigen Kaiſer Wilhelm ausgereckt u. ſ. w.; — urz, alle längſt widerlegten und abgethanen Lügen, Verdrehungen, Märchen und Irr- thümer werden hier wieder vorgebracht und neue hinzugefügt.

Es iſt geradezu unbegreiflich, wie ein großes und geachtetes Journal noch im Jahre 1876 alle wichtigen kritiſchen Arbeiten ignoriren und ein ſolches leichtfertiges Geſchreibe ſeinen Leſern darbieten kann, um „das lebhafte Intereſſe des Publikums“ zu befriedigen! Es wird durch dieſen Vorgang die Ueberzeugung beſtätigt, daß ſolche oberflächliche Journale nur ſchädlich im Volke wirken, da ſie den Aberglauben befördern und allen Feinden deutſchen Geiſtes und deutſchen Weſens als Organe dienen!

1877. Kritzinger, L., Das Kloſter Lehnin und ſeine Sagen. Berlin, in Commiſſion bei Beck. 1877. 16°.

1879. Sabell, Dr. Ed. W., Die Literatur der ſogenannten Leh- nin'ſchen Weiſſagung, in chronologiſcher Folge zuſammengeſtellt.

In: „Neuer Anzeiger für Bibliographie und Bibliothekwiſſenſchaft, herausgegeben von Dr. J. Petzholdt“. Jahrg. 1879. Januar u. Februar. Dresden, G. Schönfeld's Verlagsbuchhandlung. gr. 8. (S. 12—21, 55—68.)

Enthält: Vorwort. — 1. Die Handſchriften. 2. Die Bibliographie. — Iſt ein Auszug aus dem vorliegenden Werke, mit Bewilligung der Verleger.

— — daſ. Separatabdruck aus „Petzholdt's Neuer Anzeiger ꝛc.“ 1879. Heft 1 u. 2.“ gr. 8. (23 S.)

Der Separat=Druck ist nicht im Handel und nur in wenigen Exemplaren abgezogen.

Schelmen=Chronika des Bruder Hannes von Lehnin. Mit 12 Holz= schnitten. Leipzig, Carl Minde, o. J. (1869.) 8.

Gehört nicht zu dieser Literatur, da es Nichts über das Vaticinium enthält.

Nicht gefunden habe ich endlich die Schriften folgender zwei Autoren, welche Bucher [von Kollberg], S. 3 u. 5 seiner Schrift, 2. Aufl. 1861 erwähnt:

1) Turell, als (wahrscheinlich katholischer) Schriftsteller über die Weissagung.

2) Pfeilsticker, als Uebersetzer des Vaticinium in deutsche Hexameter. Da dieselbe Uebersetzung in der 1. Aufl. v. Bucher's Brochüre (1860) als von Joh. Boost (1847) herrührend bezeichnet und dies in der That der Fall ist (vgl. Boost S. 253— 257), so scheint der Angabe Bucher's bei der 2. Aufl. vielleicht eine geheime Wissen= schaft über den wirklichen Verfasser der übrigens sehr fehlerhaften Uebersetzung zu Grunde gelegen zu haben.

Alphabetisches
Namen- und Sach-Register.

———

Pierer'sche Hofbuchdruckerei. Stephan Geibel & Co. in Altenburg.